Reiner Stach

100 Jahre S. Fischer Verlag 1886–1986

Kleine Verlagsgeschichte

S. Fischer

2. Auflage: 9.–12. Tausend, 1991

Umschlaggestaltung: Buchholz/Hinsch/Walch
Satz: Fotosatz Otto Gutfreund, Darmstadt
Druck und Einband: Clausen & Bosse, Leck
Printed in Germany
ISBN 3-10-075106-X

Inhalt

Vorbemerkung

Die Geschichte des S. Fischer Verlags ist von der jüngsten Geschichte Deutschlands und der deutschen Kultur nicht zu trennen – nicht nur darum, weil diese das äußere Schicksal des Verlags so gewalttätig bestimmt hat, sondern auch, weil das »Gesicht« des Verlags, sein Programm, dieser Gegenwart auch in den Augenblicken der Gewalt stets zugekehrt war. In diesem Sinne repräsentierte der S. Fischer Verlag von Anbeginn Modernität – als Gegensatz zum Abgelebten, Scheinhaften oder erstarrt Klassischen. Seine Geschichte spiegelt Entstehung und Entfaltung der modernen Literatur und ist damit ein Teil dieses Prozesses selbst: Verlagsgeschichte als Literaturgeschichte.

Die vorliegende *Kleine Verlagsgeschichte* stützt sich insbesondere auf die umfangreichen Recherchen Peter de Mendelssohns, dessen Werk *S. Fischer und sein Verlag* den Zeitraum von der Gründung bis zum Tode S. Fischers im Jahre 1934 umfaßt. Für die daran anschließende Zeit wurden u. a. Gottfried Bermann Fischers Autobiografie *Bedroht – Bewahrt*, der Briefwechsel Thomas Manns mit Gottfried Bermann Fischer sowie der Katalog zur Ausstellung ›S. Fischer, Verlag‹ (Deutsches Literaturarchiv, Marbach am Neckar) herangezogen. Für mündliche Mitteilungen danke ich Rudolf Hirsch und Fritz H. Landshoff.

Vorgeschichte

In der Geschichte des deutschen Buch- und Verlagswesens war das 19. Jahrhundert eine Zeit des Umbruchs: während man einerseits am überalterten, bildungselitären, für heutige Begriffe luxurierenden Typus des Buchs festhielt, wurden gleichzeitig die Umrisse eines modernen Massenmediums kenntlich. Die Konkurrenz verschiedener Vertriebssysteme, die Rationalisierung von Satz- und Drucktechnik, die wachsende Bedeutung von Leihbibliotheken und nicht zuletzt das Auftreten des »freien«, auf hohe Verkaufsziffern angewiesenen Autors warfen neue rechtliche Fragen auf, denen weder der Deutsche Zollverein noch der 1825 gegründete Börsenverein der Deutschen Buchhändler gewachsen war. Raubdrukke und Kolportagehandel ermöglichten schnelle Gewinne, und die Buchhändler reagierten auf den zunehmenden Druck mit »Schleuderey«: der unkontrollierten Weitergabe von Rabatten an den Käufer. Vom festen Ladenpreis war man noch weit entfernt.
In diesem Konflikt überkommener Rechtsordnungen mit neuen Mechanismen des Marktes gab es ein Datum von besonderer Bedeutung, einen entscheidenden Wendepunkt des »schöngeistigen« Verlagswesens: der 9. November 1867. An diesem Tage erloschen, laut Beschluß des Deutschen Bundes, die Verlagsrechte für alle Autoren, die vor dem 9. November 1837 gestorben waren – dies betraf insbesondere die Werke der deutschen Klassiker. Damit verlor die J. G. Cotta'sche Buchhandlung, der bis dahin bedeutendste belletristische Verlag, alle ihre Privilegien, und gleichsam über Nacht eröffnete sich ein ungeheurer Markt für honorarfreie und daher billige Nachdrucke. Bereits einen Tag nach Erlöschen der Rechte wurde der Buchhandel mit Klassiker-Ausgaben überschwemmt: es erschienen die erste Lieferung von Meyers ›Bibliothek deutscher Nationalliteratur‹, Hempels sorgfältig edierte ›Nationalbibliothek sämtlicher deutscher Classiker‹ sowie die ersten fünfunddreißig

Hefte von Reclams ›Universal-Bibliothek‹. Diese Hefte, die einzeln und zu Pfennigbeträgen käuflich waren, rissen Bildungsschranken nieder und veränderten die Rezeption bürgerlicher Literatur von Grund auf. Sie fanden millionenfachen Absatz und drangen bis in die letzten Winkel des deutschen Sprachraums. Damit waren die Weichen gestellt nicht nur für eine neue, durch Transparenz gekennzeichnete literarische Öffentlichkeit, sondern auch für einen neuen Typus des Verlegers, wie ihn bereits eine Generation später Samuel Fischer repräsentieren sollte.

Samuel Fischer, 1886

»Sami« Fischer wurde am 24. Dezember 1859 als Sohn eines Kaufmanns in Liptó Szent Miklós geboren, einem Marktflecken in Oberungarn, der von deutschsprachigen jüdischen Kleinbürgern kulturell geprägt war. Hier war eine der wenigen ungarischen Buchhandlungen ansässig, es gab einen ›Leseverein‹, einen ›Selbstbildungsverein der Jugend‹ und ein aufgeklärt-jüdisches Privatgymnasium, das Fischer nach dem sechsten Schuljahr besuchte. Man darf ver-

muten, daß die zahllosen Klassiker-Ausgaben des Jahres 1867 in diesem bildungsbewußten Milieu starke Resonanz auslösten und vielleicht sogar Samuel Fischers Berufswünsche beeinflußten.
1874 fuhr er, allein und fast mittellos, nach Wien und wurde dort Lehrling in einer Buchhandlung (deren Name leider nicht überliefert ist). Er muß viel gelesen haben in den sechs Jahren, die er dort verbrachte – insbesondere literarische Neuerscheinungen –, während er sich kaufmännische Kenntnisse in den Abendkursen einer Handelsschule aneignete. 1880 übersiedelte er als Buchhändler-Gehilfe nach Berlin und fand Anstellung in der von Hugo Steinitz gegründeten ›Central-Buchhandlung‹. Steinitz, nur wenig älter als Fischer, betrieb nebenher einen Kommissionsverlag, der im September 1883 als ›Hugo Steinitz & Co., Verlagsbuchhandlung‹ einen eigenen handelsrechtlichen Status erhielt. Teilhaber dieses Unternehmens wurde Samuel Fischer, der indes als einziges Kapital sein buchhändlerisches Wissen einbrachte.
Die Firma ›Steinitz & Fischer‹, wie sie ab September 1884 hieß, war kein literarischer Verlag. Publiziert wurden Werke von Autoren, die Druckkostenvorschuß zahlten; es erschienen Eisenbahn-Kursbücher, Reiseführer und Fachzeitschriften (darunter der einträgliche ›Berliner Hotel-Courier‹). Später fanden sich im Programm auch das humoristische Wochenblatt ›Berliner Wespen‹ sowie mehrere populärmedizinische Titel. Zwar lernte Fischer in jenen Jahren der Teilhaberschaft einen Kreis von Berliner Literaten kennen, die ihn in die zeitgenössischen Kulturdebatten einführten und ihm auch später verbunden blieben – so z. B. Carl Bleibtreu, Max Kretzer und August Scholz –, aber auf seine verlegerische Tätigkeit konnten diese Interessen, da es ihm an Kapital mangelte, noch keinen Einfluß gewinnen. Eher ist der umgekehrte Zusammenhang zu konstatieren, nämlich die Fortdauer der profanen ›Steinitz & Fischer‹-Produkte im Programm des späteren S. Fischer Verlags: noch zu einer Zeit, da Samuel Fischer längst als »Cotta des Naturalismus« Berühmtheit erlangt hatte, verlegte er drei technische Zeitschriften und die Buchserie ›Fischer's technologische Bibliothek‹, deren sicherer Absatz die hohen Risiken im literarischen Bereich minderte.
Die ständische Legitimation zur Begründung eines eigenen Unternehmens erlangte Fischer am 28. Februar 1885: die Aufnahme in die Corporation der Berliner Buchhändler, eine Urkunde, die für ihn als

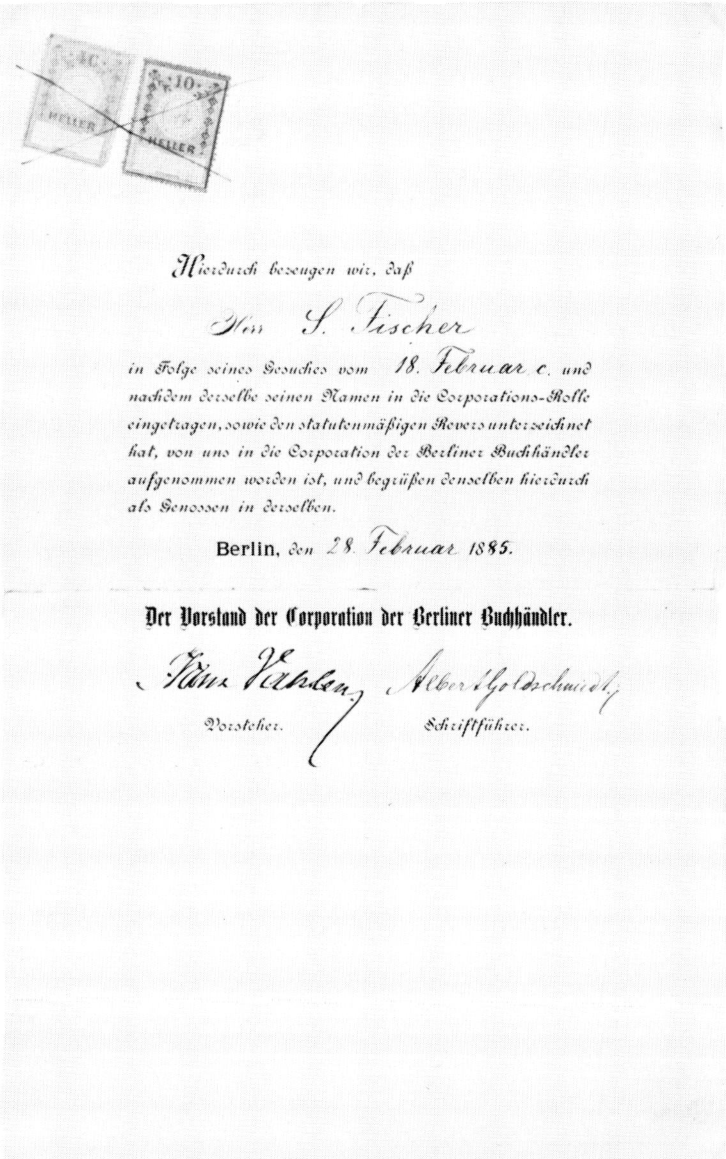

Hierdurch bezeugen wir, daß

Herrn S. Fischer

in Folge seines Gesuches vom 18. Februar c. und nachdem derselbe seinen Namen in die Corporations-Rolle eingetragen, sowie den statutenmäßigen Revers unterzeichnet hat, von uns in die Corporation der Berliner Buchhändler aufgenommen worden ist, und begrüßen denselben hierdurch als Genossen in derselben.

Berlin, den 28. Februar 1885.

Der Vorstand der Corporation der Berliner Buchhändler.

Vorsteher. Schriftführer.

S. Fischers Aufnahme in die Corporation der Berliner Buchhändler

Ausländer von besonderer Wichtigkeit war. Das notwendige Startkapital fiel ihm im Mai des folgenden Jahres durch einen glücklichen Umstand zu: der Vermieter des Buchladens Friedrichstraße 174 bot eine hohe Abstandssumme für vorzeitige Räumung. Damit waren für den ehrgeizigen Fischer die Voraussetzungen gegeben, unabhängig von Steinitz eigene Pläne zu verfolgen. Im Herbst 1886 teilten die Kompagnons ihre Verlagsproduktion auf; dabei übernahm Fischer den kleineren, aber vergleichsweise neutralen Anteil (u. a. die Kursbücher und die Hotel-Zeitschrift) und konnte damit im literarischen Bereich, ohne den Ruch des Kommissionsverlags, ganz neu beginnen. Seinen Lebensunterhalt verdiente er vorläufig als Inhaber des Buchladens, der einige Häuser weiter ein neues Domizil fand.

Die endgültige Trennung wurde am 31. August 1886 durch Anzeigen im ›Börsenblatt‹ bekanntgegeben. Der Verlag Steinitz & Fischer wurde liquidiert, Steinitz begründete einen eigenen Verlag. Die Mitteilung des inzwischen sechsundzwanzigjährigen Samuel Fischer lautete:

Berlin W., Mohrenstraße 10,
1. September 1886

P. P.

Ich beziehe mich auf die vorstehende Mitteilung der Firma Steinitz & Fischer in Liquidation und teile Ihnen ergebenst mit, daß ich unter der Firma:

S. Fischer, Verlag
W., Mohrenstraße 10,

eine Verlagsbuchhandlung errichtet habe.

Ich erbitte mir Ihr freundliches Interesse auch für meine ferneren Unternehmungen, über die ich mir nähere Mitteilungen vorbehalte.

Mit vorzüglicher Hochachtung
S. Fischer, Verlag

1886–1900
Naturalismus, ›Nordische Bibliothek‹, Wiener Moderne

Das erste Buch mit dem neuen Impressum ›S. Fischer, Verlag‹ wurde am 28. Januar 1887 ausgeliefert: das Schauspiel *Rosmersholm* von Henrik Ibsen. In den nächsten Monaten folgten – mit der damals üblichen Auflage von je tausend Exemplaren – Ibsens *Wildente*, Zolas Drama *Therese Raquin*, der Novellenband *Maurus Jokai's Decameron*, Tolstois »dramatisches Sittenbild« *Die Macht der Finsterniß* und schließlich *Der Cirkus und die Cirkuswelt* eines gewissen Signor Domino.
Sechs Titel also, das Äußerste, was Fischer im ersten Jahr mit schmalem Startkapital ins Werk setzen konnte, und eben genug, um Buchhändlern und Publikum die Konturen eines neuen verlegerischen Programms kenntlich zu machen. Dieses Debüt mußte schon unter kaufmännischem Gesichtspunkt verwundern. Denn der einzige Band, der sicheren Absatz versprach, war das Zirkus-Buch; mit Bühnenwerken jedoch hatte noch kein deutscher Verleger ein Geschäft gemacht – er verdiente ja auch an den Aufführungen nichts –, und angesichts des auf Romane festgelegten deutschen Lesegeschmacks war der gänzliche Verzicht auf diese Gattung eine Entscheidung von hohem Risiko. Ob hier Fischers private Theaterleidenschaft den Ausschlag gab oder vielmehr die Vorahnung, die literarische Moderne werde sich zuerst auf der Bühne durchsetzen – er behielt recht. Man muß aber sehen, daß diese Akzentuierung der dramatischen Form auch für den Avantgarde-Verleger, der Fischer zweifelsohne sein wollte, durchaus nicht selbstverständlich war. Ein Naturalismus der Bühne existierte in Deutschland noch nicht. Die als »modern« sich verstehende Literatur definierte nicht das Theater, sondern die Lyrik als das ihr eigene Medium: das sogenannte ›Jüngste Deutschland‹, das mit der Anthologie *Moderne Dichtercharaktere* bereits 1884 eine realistische Revolution des Poetischen verkündete. Das Berliner Zentrum dieser Bewegung war der

Verein ›Durch‹, ein literarischer Debattierclub, eine »Dichterschule«, in der Fischer Gelegenheit hatte, das Allerneueste noch im Stadium der Gärung zu beobachten (und wo er erste Kontakte zu Arno Holz, Richard Dehmel und John Henry Mackay knüpfte). Es hätte nahegelegen, in diesem Kreis nach den Leitfiguren einer künftigen realistischen Literatur zu suchen. Daß Fischer dies nicht tat und statt dessen weniger berühmte als berüchtigte fremdsprachige Autoren verlegte, ist die folgenreichste Entscheidung seiner frühen Zeit: er hatte erkannt, daß im ›Jüngsten Deutschland‹ ästhetisches Wollen und Können doch allzuweit auseinanderklafften, und Fischers Widerwille gegen alles bloß Programmatische gehörte von Anbeginn zu den wesentlichen Bestimmungsgründen seiner verlegerischen Tätigkeit.

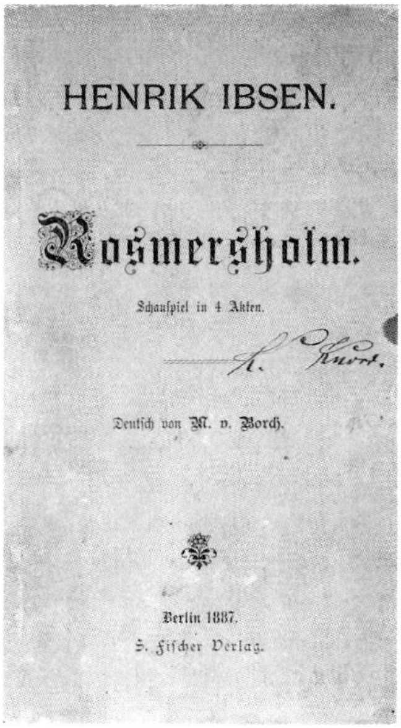

HENRIK IBSEN.

Rosmersholm.

Schauspiel in 4 Akten.

Deutsch von M. v. Borch.

Berlin 1887.
S. Fischer Verlag.

Es war eine Entscheidung gegen die Lesergemeinde und für das Publikum, das indes von der Qualität eines so radikalen Autors wie Zola erst noch zu überzeugen war. »In meine Berliner Zeit fiel krachend *Germinal*«, schrieb Hermann Bahr. »Hier schien Weltgericht gehalten.« Auf derartige Gerichte hatte jedoch die Zensur ein schar-

fes Auge; mit der Beschlagnahme eines Zola-Bandes (es folgten 1888 *Renée*, 1889 *Der Traum*, 1890 *Naturalistische Dramen*) war jederzeit zu rechnen, und ein solcher Schlag hätte Fischers Arbeit aufs äußerste gefährdet. Ähnliches galt für die modernen russischen Autoren, deren tatsächliche Intentionen und Qualitäten wegen der weithin üblichen miserablen Übersetzerei noch gar nicht zu würdigen waren. Obgleich Fischer nur wenige ihrer Werke verlegte (bis 1891 u. a. *Der Gatte*, *Der Spieler* und *Der Idiot* von Dostojewski, von Tolstoi Erzählungen, das Lustspiel *Früchte der Aufklärung* und den sozialrevolutionären Essay *Geld*!), trug er doch entscheidend dazu bei, den Rang dieser Literatur im deutschsprachigen Raum durchzusetzen.
Die Frage der Übersetzung blieb wegen der außerordentlich verworrenen Rechtslage eine dauernde Crux. Zwar bot die Berner Konvention von 1886 einen auch internationalen Schutz vor nichtautorisierten Nachdrucken und Übersetzungen; aber das Russische Reich schloß sich diesem Abkommen nicht an, so daß August Scholz, der von Fischer beschäftigte Rußland-Experte und -Enthusiast, in einem gleichsam rechtsfreien Raum arbeitete. Ebenso ungeschützt blieb noch lange Zeit die skandinavische Literatur: erst nach jahrelangen Auseinandersetzungen und Übersetzer-»Wettläufen« gelang es Fischer, das Werk Henrik Ibsens (der in München lebte und bislang bei Reclam verlegt wurde) ganz für den eigenen Verlag zu gewinnen und ihn so zu seinem ersten Hausautor von Weltruf zu machen.
Ibsens Wirkung in Deutschland setzte ein mit den *Stützen der Gesellschaft* (1877) und mit *Nora* (1880), aber es mangelte an adäquaten Inszenierungen. Die Berliner Uraufführung der *Nora* geriet zu einem Fiasko, dessen Wirkung volle sechs Jahre anhielt: Ibsens neuere Werke blieben ungespielt. Erst mit einer einzigen von der Zensur geduldeten Aufführung der *Gespenster*, die am 9. Januar 1887 im Berliner Residenztheater stattfand, gelang der Durchbruch. Ibsen selbst, Fontane, Gerhart Hauptmann und sehr wahrscheinlich auch Fischer wohnten dem denkwürdigen Ereignis bei: Augenzeugen berichteten von einer Euphorie des Publikums, der Theaterkritiker Otto Brahm sprach von einer »Revolte in der Ästhetik«. Wie in den *Gespenstern* der Nebel bürgerlicher Konvention, so wich nun plötzlich von Ibsens Werk – das von der offiziösen Kultur noch immer als »Spitalpoesie«, von der Exekutive als »polizeiwidrig« qualifiziert wurde – der Bann konventionalisierten Unverständnisses. Von jetzt

an verhalfen sich Inszenierung und Druck wechselseitig zur Wirkung; während sich das Residenztheater an *Rosmersholm* und an *Die Wildente* wagte, brachte Fischer sämtliche Stücke Ibsens, deren er habhaft werden konnte, in zum Teil neuen und qualitativ hochrangigen Übersetzungen: 1888 *Kaiser und Galiläer,* 1889 u.a. *Die Frau vom Meere* und *Die Wildente,* 1890 gar sechs Titel, darunter die *Gespenster* und *Nora* (jetzt: *Ein Puppenheim*), schließlich 1891 *Hedda Gabler,* 1893 *Baumeister Solness* und 1895 *Klein Eyolf.*

Henrik Ibsen

Ibsen und Fischer begegneten einander erstmals anläßlich der Uraufführung der *Frau vom Meere* im März 1889. Bei dieser Gelegenheit kam es zu einer Absprache, die äußerst charakteristisch war für das von Fischer angestrebte Verlagsprofil und zugleich wegweisend für die künftige editorische Praxis seines Unternehmens: Ibsen ermächtigte den S. Fischer Verlag zur Herstellung einer Gesamtausgabe aller seiner *Modernen Dramen,* die dann tatsächlich von 1890 bis 1895 in vier Bänden erschien. Die derart an Ordnung und Vollständigkeit der Cottaschen Klassikerausgaben orientierte Präsentation *lebender* Autoren war wohl von Anbeginn ein geheimes Projekt Fischers, das er jetzt, dreißigjährig, zum ersten Mal in die Tat umsetzte; ein Projekt, das darauf hinauslief, Klassik nicht zu überliefern, sondern erst eigentlich zu inthronisieren. Thomas Mann definierte dies spä-

ter als »die Neigung, das Revolutionäre ins Klassische münden zu lassen«, und es ist in der Tat erstaunlich, in welchem Maße diese »Neigung« über Jahrzehnte die Verlagspolitik prägte: Gesamtausgaben von nicht weniger als fünfundzwanzig Autoren erschienen unter S. Fischers Regie, und von manchem Autor gar mehrere.
So waren auch die *Modernen Dramen* noch längst nicht der Schlußpunkt der Ibsen-Edition. Ab 1898 folgten *Sämtliche Werke* in zehn Bänden (kommentiert von Georg Brandes), ein ebenso waghalsiges wie ungewöhnliches Unternehmen; denn zum einen sollten hier Texte erscheinen, die nicht einmal im Norwegischen gedruckt vorlagen, andererseits Bühnenwerke, deren Eigentumsrechte erst noch gerichtlich zu klären waren. Trotzdem konnte die Ausgabe schließlich komplett erscheinen, und sie wurde ein solcher Erfolg, daß sie nun ihrerseits eine norwegische Gesamtausgabe initiierte. Fischer brachte 1907 auch noch eine *Volksausgabe in fünf Bänden* (die binnen zwei Jahrzehnten mehr als 100000mal verkauft wurde), und endlich folgten vier Bände *Nachgelassene Schriften* (1909).
Dieses Bestreben nach repräsentativer Zusammenfassung richtete sich jedoch nicht nur auf das Werk des einzelnen Autors, den zu fördern sich Fischer einmal entschlossen hatte, sondern auch auf literarische Bewegungen insgesamt, die an der ästhetischen Moderne teilhatten. Das Werk Ibsens lenkte den Blick auf die skandinavischen Literaturen, und hier entfaltete sich eben eine neue, reiche Erzählkunst, von der man in Deutschland noch wenig wußte. Als Julius Hoffory, »Ibsenprophet« und Professor für nordische Philologie, den Plan vortrug, skandinavische Autoren im Rahmen einer eigenen Buchreihe vorzustellen, stimmte Fischer sofort zu. Ab 1889 erschien die Sammlung ›Nordische Bibliothek‹, deren insgesamt siebzehn Bände zwar überwiegend dem Werk Ibsens vorbehalten waren, in der aber auch so bedeutende Entdeckungen wie Arne Garborgs Roman *Bei Mama*, Jens Peter Jacobsens *Novellen* und Hamsuns *Hunger* ihren Platz fanden.
Schon nach zwei Jahren wurde diese Buchreihe abgeschlossen, da ihr Herausgeber Hoffory schwer erkrankte; der skandinavische Akzent des Verlagsprogramms verlosch damit jedoch nicht. Neben weiteren Werken Garborgs erschienen in den folgenden Jahren insgesamt acht Bücher des Dänen Peter Nansen, darunter die Romane *Julies Tagebuch* und *Gottesfriede* (1895). Fischer mußte diesen Fin de siècle-Autor regelrecht durchsetzen; trotz anfänglichen Mißerfolgs

hielt er an ihm fest, und er schätzte die Qualität von Nansens Prosa so hoch, daß er, was sonst niemals geschah, neue Manuskripte ungelesen erwarb. Diese Verbindung wurde dann auch zu einem der entscheidenden Faktoren der künftigen Programmgestaltung: Nansen avancierte 1896 zum Direktor des Kopenhagener Verlags Gyldendal, und von dort aus vermittelte er fast sämtliche bedeutenden Autoren Norwegens und Dänemarks direkt an Fischer. Damit konnten die von Hoffory begonnene Arbeit auf breiterer Basis fortgeführt, die Beziehungen skandinavischer und deutscher Literatur weiter intensiviert werden. Insbesondere Herman Bang, im Norden bereits berühmt, in Deutschland noch gänzlich unbekannt, erschien von nun an jährlich mit einem neuen Titel bei Fischer (*Gesammelte Werke in vier Bänden*, 1919).

Peter Nansen

Dieses skandinavische Kapitel der Verlagsgeschichte verdeutlicht eine für Fischer und für einen neuen Verleger-Typus insgesamt charakteristische Intention: literarische Prozesse nicht nur zu vermitteln, sondern auch zu initiieren; für Literatur nicht nur zu werben, sondern die Rückkopplung zwischen Autor, Leserschaft und Publikum bewußt zu steuern. Rückblickend auf fünfundzwanzigjährige Praxis hat Fischer dies selbst drastisch formuliert: »Dem Publikum neue Werte aufzudrängen, die es nicht will, ist die wichtigste und schönste Mission des Verlegers.« Es gab andere Verleger, die eine ähnliche Strategie verfolgten, wie z. B. Anton Kippenberg und Albert Langen; aber ihnen gegenüber war Fischers Arbeit die relativ erfolgreichere, weil er ohne programmatische, geschweige denn »weltanschauliche« Prämissen stets versuchte, die künftigen Entwicklungsmöglichkeiten neuer Autoren *und* deren Rezeption so objektiv wie möglich einzuschätzen. Über die Kriterien dieser Einschätzung hat sich Fischer niemals zusammenhängend geäußert. Insgesamt jedoch blieb die Anzahl eindeutiger Fehlentscheidungen erstaunlich gering, und dies dürfte nicht zuletzt darauf zurückzuführen sein, daß er dort, wo er selbst kein Urteil hatte, sich stets kompetenter Mitarbeiter zu versichern wußte.

Am schwierigsten zu beurteilen war zweifellos die Zukunft des Theaters, das in den siebziger und achtziger Jahren völlig verödet war: seichte Unterhaltung und Belustigung wechselten ab mit Nachahmungen französischer »Gesellschaftsstücke«. Beidem gemeinsam war die strengste Vermeidung aller realen Konflikte, Vermeidung von Leben überhaupt – und das zu einer Zeit, da wissenschaftliche, technische, ökonomische und soziale Umwälzungen mit bisher nicht gekannter Gewalt in das Leben der Menschen eingriffen. Fischer hatte das Glück, gerade auf dem Gebiet einer neuen dramatischen Produktion – dem Kernstück schon seines ersten Jahresprogramms – auf ebenso kenntnis- wie ideenreiche Intellektuelle zu stoßen, die diese soziale Abschottung der Kunst aus eigener Kraft zu beenden suchten: Brahm, Harden, Schlenther, die Brüder Hart und andere gründeten – gemeinsam mit »Verlagsbuchhändler« S. Fischer als Schatzmeister – im März 1889 den Verein ›Freie Bühne‹, der in eigener Regie und ohne festes Ensemble Aufführungen moderner Bühnenwerke organisieren sollte.

Der Plan war bestechend, jedoch – das zeigte der rasche Zusammenbruch des Pariser ›Théâtre Libre‹, des unmittelbaren Vorbilds – nicht ohne Risiko. Der Zensur wegen konnte es sich natürlich ausschließlich um geschlossene Vorstellungen handeln; darum waren zunächst einmal, noch vor der Anmietung einer Bühne, genügend Vereinsmitglieder zu werben, die dann als beitragzahlendes Publikum das Unternehmen finanzierten. Der dreiunddreißigjährige namhafte Schriftsteller und Theaterkritiker Otto Brahm, Initiator und Vorsitzender des Vereins, verschickte ein Rundschreiben, das überraschenden Erfolg hatte: bis Ende Juli gingen etwa 360 Beitrittserklärungen ein. Das war zwar noch längst nicht ausreichend, aber dieses erste Verzeichnis von Mitgliedern enthielt recht prominente Namen – Schriftsteller, Kritiker, Theaterdirektoren, Schauspieler –, so daß man es fortan als Werbemittel einsetzte und bis Jahresende weitere 600 Beitritte verzeichnen konnte. Damit war die Freie Bühne finanziell gesichert; es wurde beschlossen, sie am 29. September 1889 im Lessing-Theater mit Ibsens *Gespenstern* zu eröffnen – mit jenem Stück also, das im Januar 1887 eine so sensationelle Aufführung erlebt hatte und das seither in Berlin verboten war. Daß das Publikum beider Vorstellungen weitgehend identisch war, darf man vermuten; es entstammte zu vier Fünfteln dem jüdischen Großbürgertum, und sehr zu Recht wies Fontane darauf hin, daß »uns alle Freiheit und feinere Kultur hier in Berlin vorwiegend durch die reiche Judenschaft vermittelt wird«.

Die Bedeutung der Freien Bühne nicht nur für die Erneuerung des Theaters, sondern für die Kristallisation einer literarischen Moderne insgesamt ist kaum zu überschätzen. Der deutsche Naturalismus, dessen erste Ansätze in sektenhaften Gruppierungen, in Bohemezirkeln und kurzlebigen Zeitschriften zu versickern drohten, gelangte nun plötzlich zu einem öffentlichen, in ganz Europa registrierten Durchbruch. Was bisher programmatisch diskutiert worden war – z. B. in den *Kritischen Waffengängen* der Brüder Hart (1882) und in Wilhelm Bölsches *Die naturwissenschaftlichen Grundlagen der Poesie* (1887) –, wurde jetzt überführt in eine Theaterpraxis, die die naturalistische Bewegung als vielsprachiges europäisches Phänomen kenntlich machte und damit die deutschen Autoren der jüngsten Generation entschieden ermunterte: auf dem Spielplan standen u. a. Stücke von Anzengruber, Tolstoi, Björnson, Goncourt, Strindberg.

Auch dem S. Fischer Verlag eröffnete die Freie Bühne neue und überraschende Perspektiven – sowohl, was Qualität und Umfang des Programms anbetraf, als auch hinsichtlich der nun rasch anwachsenden Publizität. Anfang September 1889, während der Proben zu *Gespenster*, wurde der Freien Bühne ein bereits gedrucktes Drama zugesandt, das den Vorstand dazu bewog, den beschlossenen Spielplan wieder umzustoßen: *Vor Sonnenaufgang*, das erste Bühnenwerk des siebenundzwanzigjährigen, noch nahezu unbekannten Gerhart Hauptmann, der hier Schauspielern wie Zuschau-

Verein Freie Bühne.

Sonntag, den 20. October 1889.

Vor Sonnenaufgang.

Soziales Drama in fünf Aufzügen von **Gerhart Hauptmann.**

Krause, Bauerngutsbesitzer	Hans Pagay.
Frau Krause, seine zweite Frau	Louise von Pöllnitz.
Helene, Krause's Tochter erster Ehe	Elsa Lehmann.
Hoffmann, Ingenieur, verheirathet mit Krause's anderer Tochter erster Ehe	Gustav Kadelburg.
Wilhelm Kahl, Neffe der Frau Krause	Carl Stallmann.
Frau Spiller, Gesellschafterin bei Frau Krause	Ida Stägemann.
Alfred Loth	Theodor Brandt.
Dr. Schimmelpfennig	Franz Guthery.
Beibst, Arbeitsmann auf Krause's Gut	Paul Pauly.
Guste, Mägde auf Krause's Gut	Sophie Berg.
Liese, Mägde auf Krause's Gut	Clara Hayn.
Marie, Mägde auf Krause's Gut	Antonie Ziegler.
Baer, genannt Hopslabaer	Ferdinand Meyer.
Eduard, Hoffmann's Diener	Edmund Schmasow.
Miele, Hausmädchen bei Frau Krause	Helene Schüle.
Die Kutschenfrau	Marie Gundra.
Golisch, genannt Gosch, Kuhjunge	Georg Baselt.

Ort der Handlung: ein Dorf in Schlesien.

Regie: Hans Meery.

Nach dem ersten Akt findet eine Pause statt.

Dritte Aufführung der Freien Bühne:

Sonntag, den 17. November, 11½ Uhr pünktlich:

Henriette Maréchal.

Drama in drei Akten von **Edmond und Jules de Goncourt.**

Deutsch von **Fritz Mauthner.**

Druck von R. Boll, Berlin N.W.

ern eine Reihe konsequent naturalistischer Häßlichkeiten zumutete (am provozierendsten wohl das abgerissene, stammelnde Sprechen). Die am 20. Oktober stattfindende Premiere endete in einem beispiellosen Tumult; sie machte Hauptmann über Nacht berühmt und den Naturalismus zu einem öffentlichen Skandal. Entrüstung wie Euphorie vernebelten gleichermaßen die Bedeutung des Ereignisses. »Wochenlang setzte sich der Kampf noch fort in ungeminderter Stärke«, berichtete Otto Brahm; »in Cafés, in Gesellschaften, in Zeitungen und Zeitschriften wurde gestritten und verdammt; alte Freunde entzweiten sich, Gleichgesinnte schlossen sich zusammen, und der Widerspruch gegen die Neuerer oder die Zustimmung ward zu einem Erkennungszeichen im ästhetischen Feldzuge.«

Gerhart Hauptmann, um 1890

Was Fontane »die Erfüllung Ibsens« nannte, mußte auch Fischer stark beeindrucken: er versuchte sogleich, das noch schmale Werk Hauptmanns dem eigenen Verlag zuzuführen und sich künftige Titel durch vertragliche Option zu sichern. Er druckte *Vor Sonnenaufgang* als Neuauflage; 1890 erschien *Das Friedensfest*, 1891 *Einsame Menschen*. Ab 1892 hatte Fischer Hauptmanns Werk komplett, einschließlich der erfolgreichen Novelle *Bahnwärter Thiel*, die bereits vier Jahre zuvor in der naturalistischen Zeitschrift *Die Gesellschaft* erschienen war. Trotzdem schreckte Hauptmann vor einer langfristigen Bindung zurück. Sein frühester erhaltener Brief an Fischer – der früheste einer schließlich fünfundvierzig Jahre währenden Korrespondenz – deutet an, daß der Verleger den Mann, in dem er einen künftigen »Klassiker« vermutete, doch zu rasch und zu dringlich umworben hatte: »Bezüglich meiner künftigen Arbeiten möchte ich mich schließlich nach keiner Richtung hin binden. Es ist, meiner ganzen Natur nach, geradezu unmöglich, eine lebenslange Verpflichtung einzugehen. Die Möglichkeit freier Entschlüsse muß ich jederzeit offen haben.« Hauptmann blieb lebenslang bei Fischer, und daß diese Zusammenarbeit die erste konfliktträchtige Zeit überdauerte, ist wohl weniger auf die finanziellen Bedingungen zurückzuführen – die für Hauptmann außergewöhnlich gut waren –, als vielmehr auf die sich entwickelnde persönliche Beziehung. Fischer, der im privaten Umgang nicht leicht zugänglich war – er selbst sprach einmal von seiner »ironischen Maske« –, hatte »sehr rasch zu einem sehr persönlichen Verhältnis zu Hauptmann gefunden«, und dieses Verhältnis blieb bestehen, auch nachdem Hauptmann 1891 von Berlin nach Schlesien übersiedelt war. Fischer besuchte ihn dort häufig und verbrachte später mit ihm sogar gemeinsame Ferien am Mittelmeer.

Zugang zur öffentlichen Bühne erlangte Hauptmann bereits 1891, als *Einsame Menschen* auf den Spielplänen des Deutschen Theaters und des Wiener Hofburgtheaters erschien. Brahm meinte bedauernd, die Freie Bühne müsse »in gewissem Sinne jetzt von ihm Abschied nehmen«; es sollte sich jedoch bald zeigen, daß dieser Abschied ein wenig verfrüht war. Denn das im schlesischen Dialekt verfaßte Schauspiel *De Waber* und die dem Hochdeutschen angenäherte Fassung *Die Weber*, die 1892 entstanden und sofort bei Fischer erschienen, wurden in Berlin nicht zur öffentlichen Aufführung zugelassen. So mußte Hauptmann mit seinem bislang bedeutendsten Werk wiederum auf die Freie Bühne, deren Mitgliedern die Uraufführung am 26. Februar 1893 vorbehalten blieb. Die erste öffentliche Vorstellung fand erst am 25. September 1894 im Deutschen Theater statt, dessen Leitung – eine sonderbare Fügung – inzwischen Otto Brahm übernommen hatte.

Von nun an erschienen Hauptmanns Werke stets im Jahre ihrer Entstehung bei Fischer, wobei jedoch zunächst ihr Erfolg auf der Bühne den der Buchausgaben übertraf – eine ungewöhnliche Diskrepanz von Ruf und Wirkung. Bedeutsam war dabei möglicherweise das uneinheitliche Bild, das Hauptmanns Produktion notwendig zeigte: während er einerseits in den Bahnen des Naturalismus weiterarbeitete, als dieser längst »überwunden« war – als wichtigste Titel sind zu nennen *Florian Geyer* (1896), *Fuhrmann Henschel* (1898), *Michael Kramer* (1900), *Rose Bernd* (1903) und endlich *Die Ratten* (1911) –, hatte er gleichzeitig Anteil an der Gegenströmung der Neuromantik. Seine »Traumdichtung« *Hannele* (1893), das »deutsche Märchendrama« *Die versunkene Glocke* (1897), schließlich *Und Pippa tanzt!* (1906) blieben zwar im Einklang mit den sozialen Thesen des Naturalismus, liefen aber dessen Stilprinzipien völlig zuwider. Diese Verschiedenartigkeit der Formen machte auch Fischer zu schaffen, als er die erste (sechsbändige) Hauptmann-Gesamtausgabe für das Jahr 1906 plante: eine chronologische Anordnung der Werke schien zu unorganisch, die schließlich realisierte formal-thematische Gliederung (›Soziale Dramen‹, ›Familiendıamen‹, ›Märchendramen‹) erwies sich als unflexibel gegenüber dem künftigen, auch auf die Romanform sich ausdehnenden Schaffen Hauptmanns (*Der Narr in Christo Emanuel Quint*, 1910; *Atlantis*, 1912). Mit der sechsbändigen Volksausgabe von 1912 kehrte darum Fischer zur chronologischen Ordnung zurück.

Schon bald nach der Premiere von *Vor Sonnenaufgang* wurden die Verfechter der naturalistischen Bewegung gewahr, daß sie gegenüber der herrschenden Kultur in einem wesentlichen Punkt im Nachteil waren: sie verfügten außerhalb der Freien Bühne über kein Organ, mit dem sie in die lärmende Debatte hätten eingreifen können, die sie selbst entfacht hatten; und dies wurde als Mangel um so deutlicher fühlbar, je weiter die Auseinandersetzung auf soziale, ethische und politische Fragen übergriff – aus denen der Naturalismus ja herrührte. »Der Freien Bühne fehlte das freie Wort«, schrieb Schlenther. Um dem abzuhelfen, wurde die Gründung einer eigenen Zeitschrift beschlossen: es entstand die ›Freie Bühne für modernes Leben‹, ein Wochenblatt, das ab 1890, herausgegeben von Brahm und redaktionell betreut von Arno Holz, in Fischers Verlag erscheinen sollte.

Es war dies eine Entscheidung, die sich auf Fischers literarisches Programm bald äußerst günstig auswirkte, und in ihrer kulturellen Bedeutung steht sie der Begründung der Freien Bühne keineswegs

nach, aus deren Bedürfnis nach Öffentlichkeit sie gleichsam natürlich hervorging. Vorerst jedoch war noch unklar, ob sich die »Bewegung« als genügend substantiell erweisen würde, um ein solches Unternehmen zu rechtfertigen. Die zentrale Figur des Naturalismus war Hauptmann, und ohne dessen Mitarbeit – dies geht aus den erhaltenen Briefen hervor – hätte sich Fischer auf das Zeitschriften-Projekt keinesfalls eingelassen: aus seiner Kasse, nicht etwa aus der des Vereins, sollten ja sämtliche Honorare bestritten werden, und auf Rentabilität der Zeitschrift war kaum zu hoffen. Inzwischen hatte Hauptmann *Das Friedensfest* fertiggestellt. Fischer schlug vor, den ersten Akt in der ›Freien Bühne‹ abzudrucken, aber von der Seriosität einer solchen fortsetzungsweisen Veröffentlichung war Hauptmann nur schwer zu überzeugen – ähnlich übrigens wie Ibsen, der das völlig ablehnte. Es kam schließlich doch zu einer Einigung, und das erste Heft, in grünem Umschlag und zum Preise von 40 Pfennig, konnte am 29. Januar 1890 mit Hauptmanns Text erscheinen.
Das programmatische Credo der neuen Zeitschrift, von Brahm verfaßt, gehört zu den bedeutendsten Dokumenten des deutschen Naturalismus. Darin heißt es:

> Im Mittelpunkt unserer Bestrebungen soll die Kunst stehen; die neue Kunst, die die Wirklichkeit anschaut und das gegenwärtige Dasein. . . .
> Der Bannerspruch der neuen Kunst, mit goldenen Lettern von den führenden Geistern aufgezeichnet, ist das eine Wort: Wahrheit; und Wahrheit, Wahrheit auf jedem Lebenspfade ist es, die auch wir erstreben und fordern. Nicht die objective Wahrheit, die dem Kämpfenden entgeht, sondern die individuelle Wahrheit, welche aus der innersten Überzeugung frei geschöpft ist und frei ausgesprochen: die Wahrheit des unabhängigen Geistes, der nichts zu beschönigen und nichts zu vertuschen hat. Und der darum nur einen Gegner kennt, seinen Erbfeind und Todfeind: die Lüge in jeglicher Gestalt...
> Wir neigen uns in Ehrfurcht vor allem Großen, was gewesene Epochen uns überliefert haben, aber nicht aus ihnen gewinnen wir uns Richtschnur und Normen des Daseins; denn nicht, wer den Anschauungen einer versunkenen Welt sich zu eigen giebt – nur wer die Forderungen der gegenwärtigen Stunde im Innern frei empfindet, wird die bewegenden geistigen Mächte der Zeit durchdringen, als ein moderner Mensch.

Peter de Mendelssohn erklärt zu Recht, daß, insoweit Fischers Unternehmen überhaupt so etwas wie ein Programm gehabt habe, es in diesen Sätzen enthalten sei. Fischer selbst äußerte vierzig Jahre später in einem Interview, er bekenne sich noch immer zur Pro-

Freie Bühne für modernes Leben

Herausgegeben von Otto Brahm in Berlin

Verlag von S. Fischer in Berlin

Heft 1. Berlin, den 29. Januar 1890. I. Jahrgang.

grammerklärung des ersten Heftes, und dies macht allerdings begreiflich, warum die Zeitschrift, die ja zunächst als Theaterblatt projektiert war, über so lange Zeit als gleichsam thematisches Schaufenster, als Auslage des Verlags dienen konnte.

Die ›Freie Bühne für modernes Leben‹ hat ihre eigene, komplizierte Geschichte. Holz gewann Hermann Bahr als zweiten Redakteur (der mit dem Roman *Die gute Schule* sogleich bei Fischer debütierte), aber dies führte bald zu persönlichen wie sachlichen Differenzen mit Brahm. In Paris nämlich hatte Bahr Symptome eines allmählichen Niedergangs des Naturalismus entdeckt, und als »Mann von übermorgen« glaubte er, diese Entwicklung nun auch in Berlin forcieren zu müssen. Im Juli 1890 schieden Holz und Bahr unter erheblichem Lärm aus; neuer Redakteur wurde Wilhelm Bölsche, unter dessen Leitung sich die Zeitschrift auch populärwissenschaftlichen Themen öffnete. Für Januar 1892 wurde die Umstellung auf monatliches Erscheinen beschlossen, und zwar unter dem neuen Titel ›Freie Bühne für den Entwickelungskampf der Zeit‹; eine Entscheidung, durch die das Blatt noch weiter der Tagesaktualität des Theaters entzogen und den längerfristigen Erfordernissen von Fischers Buchproduktion angeglichen wurde. Zu Beginn des 5. Jahrgangs wechselte erneut der Titel; Redakteur der ›Neuen Deutschen Rundschau‹ wurde vorübergehend Otto Julius Bierbaum, dann, ab Mai

1894 und für fast drei Jahrzehnte, der Kunst- und Musikwissenschaftler Oscar Bie.
Für Fischer war die Zeitschrift vor allem vermittelndes Medium zwischen Buchproduktion und Publikum, eine »Bühne«, auf der neue Autoren ebenso wie neue Inhalte den Lesern vorgestellt werden konnten ohne das Risiko eines allzu großen finanziellen Debakels. Die Vorabdrucke bewährten sich, da sie gleichsam als Leseproben die Aufmerksamkeit auch auf sperrige und schwierig zu vermittelnde Texte zu lenken vermochten. Charakteristisch z. B. die Einführung Hamsuns: im Sommer 1890 erschien zunächst ein Essay von Marie Herzfeld in der ›Freien Bühne‹, einige Monate später begann der Vorabdruck von *Hunger*, Anfang 1891 schließlich erschien der Roman in der ›Nordischen Bibliothek‹. Ganz ähnlich nahm Fischer auch die Zusammenarbeit mit anderen Skandinaviern auf: 1892 erschien Nansens Novelle *Eine glückliche Ehe* in der ›Freien Bühne‹, zwei Jahre später lag sie gebunden vor, erst dann folgte Nansens Romanwerk. An Herman Bang schrieb Fischer 1897: »Zuerst werde ich vielleicht ›Am Wege‹ in meiner Revue ›Neue Deutsche Rundschau‹ abdrucken, um ein fein-literarisches Publikum... auf Ihre Eigenart aufmerksam zu machen. Dann werde ich ›Am Wege‹ als Buch bringen.«
Im Falle d'Annunzios, um die Jahrhundertwende einer der wichtigsten Autoren Fischers, übernahm die vermittelnde Funktion der junge Hofmannsthal. In einem Aufsatz in der ›Frankfurter Zeitung‹ machte er bereits im August 1893 auf den noch unübersetzten Italiener aufmerksam. 1895 erschien *Der Unschuldige* in der ›Neuen Deutschen Rundschau‹ in Fortsetzungen, im folgenden Jahr als Buchausgabe. Mit d'Annunzio hatte Fischer außerordentlichen Erfolg, und die weiteren Romane, Novellen und Theaterstücke – u. a. *Lust* (1898), *Der Triumph des Todes, Die Gioconda* (1899), insgesamt elf Bücher – erreichten sämtlich hohe Auflagen. Zu einer Gesamtausgabe, an die Fischer sicherlich dachte, kam es dennoch nicht. D'Annunzio war mit den deutschen Übersetzungen äußerst unzufrieden; nach *Francesca da Rimini* (1904) löste er den Vertrag und publizierte fortan bei Langen.
Da das thematische Spektrum der Zeitschrift sehr viel breiter war als das des Verlags, konnte freilich, wer in der ›Freien Bühne‹ gedruckt wurde, noch längst nicht auf einen Vertrag bei S. Fischer rechnen. Die Zeitschrift arbeitete als Filter, der nur rein Literarisches durch-

ließ, und sie brachte Texte, die wohl den literarischen Status quo, nicht aber den Verlag zu repräsentieren vermochten. In welcher Weise hier Fischer differenzierte, läßt sich insbesondere an seiner Beziehung zur deutschsprachigen Literatur ermessen, die in den neunziger Jahren rasch an Bedeutung gewann. Das Buchprogramm von 1888 enthielt nur einen deutschen Titel: *Meister Timpe* von Max Kretzer, ein dem Vorbild Zolas verpflichteter Großstadtroman. Neben das Werk Hauptmanns traten dann ab 1891 die Romane Gabriele Reuters – *Aus guter Familie* (1896) wurde Fischers erster Bestseller –, und ab 1894 die Bühnenwerke Elsa Bernsteins, die unter dem Pseudonym Ernst Rosmer mit insgesamt zwölf Titeln erschien.

Gegenüber der schillernden naturalistischen Literaturszene jedoch, die in Friedrichshagen, einem Vorort im Osten Berlins, sich sammelte, blieb Fischer trotz mannigfacher persönlicher Verbindungen äußerst wählerisch. Der ›Friedrichshagener Kreis‹ war – etwa von 1890 bis 1895 – eine Literaten- und Künstlerkolonie, in der ästhetischer Ausdruck und Lebensgefühl zu einer spezifischen, um Authentizität bemühten Lebenspraxis verschmolzen. Hier verkehrten Dehmel, Liliencron, Hartleben, Landauer, Strindberg, Lou Andreas-Salomé und Hugo Hoeppner alias Fidus; von hier aus redigierte Bölsche die ›Freie Bühne‹, die damit zeitweilig zum Organ der Friedrichshagener avancierte. Trotzdem hielt Fischer Distanz; ihn interessierte – wie seinerzeit im Verein ›Durch‹ – weniger der Kontext, die Bewegung oder die Programmatik, der bestimmte Werkgruppen entsprangen, als vielmehr die ästhetische Einzelleistung selbst. So verlegte er von einigen Friedrichshagenern nur jeweils einen Titel: z.B. Ola Hanssons *Alltagsfrauen* (1891), Julius Harts *Sehnsucht* (1893) und Przybyszewskis *Vigilien* (1895); andere, wie Redakteur Bölsche, Arno Holz, Lou Andreas-Salomé und auch Strindberg blieben auf die Mitarbeit an der ›Freien Bühne‹ beschränkt und wurden nicht ins Buchprogramm aufgenommen.

Nur mit zwei Autoren, die Fischer allerdings schon längst schätzte, ergab sich eine Zusammenarbeit, die den ›Kreis‹ überdauerte. Seinem Freund Otto Erich Hartleben widmete er nicht nur eine Gesamtausgabe der Gedichte (1895), er druckte auch dessen sämtliche Bühnenwerke in Einzelausgaben, von denen jedoch nur eines (*Rosenmontag*, 1900) zu größerem Erfolg gelangte. Mit dem in Schottland geborenen, deutsch schreibenden John Henry Mackay schloß Fischer 1892 den üblichen Fünf-Jahres-Vertrag, er übernahm dessen frühere Werke aus anderen Verlagen und stellte ihm eine Gesamtausgabe in Aussicht. Damit aber war ein Konflikt heraufbeschwofen, der insofern bedeutsam ist, als er Fischers damalige Intentionen sehr genau widerspiegelt. Mackay nämlich war nicht nur Lyriker und Bühnenautor, sondern auch politischer Schriftsteller, Wiederentdecker und Herausgeber Max Stirners; er hatte bereits 1891 mit dem Roman *Die Anarchisten* Aufsehen erregt, dessen Neuausgabe nun Fischer mit der Begründung ablehnte, das falle allzusehr »aus dem Rahmen des Verlags«. Eine Kollision der Interessen, die das Verhältnis des literarisch differenzierenden Verlegers zur Kreativität des Autors zum erstenmal in aller Schärfe problematisierte: entweder mußte hier Fischer dem Gesamtwerk und damit dem Autor auf allen seinen Wegen die Treue halten, oder aber er hielt an einem literarischen Verlagsprofil fest, welches soziologische, politische und literaturtheoretisches Einsprengsel nicht duldete. Fischer wählte das letztere – aber damit ließ er sich auch Mackays bedeutende Stirner-Biografie von 1897 entgehen, und diese unbefriedigende Lösung dürfte ihn dazu veranlaßt haben, in ähnlichen Fällen künftig flexibler zu entscheiden. 1897 begann mit Paul Schlenthers *Gerhart Hauptmann. Sein Lebensgang und seine Dichtung* eine Reihe großer Autoren-Monografien, und auch die »Frauenfrage«, die bereits in der Zeitschrift breiten Raum einnahm, gewann mit Ellen Keys Essay-Bänden ab 1899 Eingang ins Verlagsprogramm. *Das Jahrhundert des Kindes* (1902, Volksausgabe 1907) wurde Fischers erfolgreichster wie auch einflußreichster nichtliterarischer Titel.

Es war – darin behielt der Verleger schließlich recht – nicht der Friedrichshagener Kreis, der der deutschsprachigen Literatur des kommenden Jahrhunderts die entscheidenden Impulse gab. Hermann Bahr, der erklärte Gegner jener nordisch orientierten Boheme, hatte bereits 1891 *Die Überwindung des Naturalismus* proklamiert und die Entstehung einer »nervösen Romantik«, einer »Mystik der Nerven« vorhergesagt – und Fischer tat gut daran, auch nach dem Konflikt in der Redaktion der ›Freien Bühne‹ enge Verbindung mit dem so hellsichtigen wie geschäftigen Österreicher zu halten. Denn jene Prophetie kam nicht von ungefähr, und sie gewann, seit Bahr wieder in Wien lebte, reale Konturen. Eine Anzahl junger Talente – darunter Schnitzler, Hofmannsthal, Salten, Beer-Hofmann – sammelte sich im legendären Café Griensteidl, und Bahr erkannte sogleich, daß die Texte, die hier kursierten, auf ganz Neues zielten: man war sich einig darin, daß die Analyse des Augenblicks, der Impression, des flüchtigen Gefühls und des Traums an die Stelle des plan abbildenden Naturalismus treten müsse. Diese ›Wiener Moderne‹, auch ›Jung-Wien‹ genannt, hatte es dann wesentlich Bahr zu verdanken, daß sie in den neunziger Jahren Einzug bei Fischer halten konnte und damit rasch den Einfluß gewann, der der Qualität ihrer Arbeiten gebührte.

Dieser Einzug verlief freilich nicht ohne Stockungen, und das vermittelnde Instrument der ›Freien Bühne‹, jenes – wie Fischer an Schnitzler schrieb – »gute Agitationsmittel«, wurde dabei nicht immer mit der glücklichsten Hand geführt. Das Januarheft 1892 enthielt einen hymnischen Aufsatz von Bahr über Hofmannsthals bereits publiziertes Dramolet *Gestern*; zwei Monate später jedoch lehnte Bölsche den Abdruck der autobiografischen *Stadien* aus undurchsichtigen Gründen ab, mit dem Ergebnis, daß die Verbindung zu Hofmannsthal für sechs Jahre unterbrochen wurde. 1899 endlich, als auch Brahms Freie Bühne sich Hofmannsthal zugewandt hatte, konnte bei S. Fischer ein Band *Theater in Versen* erscheinen. Werke Hofmannsthals druckten unterdessen auch die Zeitschriften ›Pan‹ und ›Die Insel‹, später der Insel-Verlag; eine kontinuierliche Zusammenarbeit mit Fischer ergab sich erst nach der Jahrhundertwende (*Elektra*, 1904; *Das gerettete Venedig*, 1905; *Ödipus und die Sphinx*, 1906; *Die Prosaischen Schriften gesammelt*, 1907), aber auch dann noch publizierte Hofmannsthal hin und wieder bei anderen Verlagen. Fischer tolerierte das, obwohl er auch hier sich bemühte – und letzten Endes mit Erfolg –, »alles in einer Hand zu konzentrieren«.

Arthur Schnitzler rückte verhältnismäßig rasch in den Rang eines Hausautors, obgleich Fischer bereits 1888 – woran sich offenbar keiner der Beteiligten mehr erinnerte – den *Anatol*-Zyklus abgelehnt hatte. Gemeinsam mit Bahrs Hofmannsthal-Feier druckte die ›Freie Bühne‹ Schnitzlers Novelle *Der Sohn*; weitere Manuskripte ließ wieder Bölsche in der Schublade liegen, bis sich dann 1895 mit dem schonungslosen Psychogramm *Sterben* plötzlicher Erfolg einstellte.

»Er stammt aus Apolloland, nicht aus Friedrichshagen«, schrieb Alfred Kerr, Mitarbeiter der ›Neuen Deutschen Rundschau‹, in seinem großen Schnitzler-Essay von 1896; Schnitzler setze die Kunst des Andeutens und Verschweigens gegen das »Quatschen« des Na-

Arthur Schnitzler

Hugo von Hofmannsthal

turalismus. Man darf annehmen, daß Fischer ähnlich dachte, denn er machte erhebliche Anstrengungen, Schnitzlers Werk, auch soweit es schon andernorts gedruckt war, im eigenen Haus zu bündeln. 1895 wurde ein Generalvertrag geschlossen; es erschien *Anatol* erstmals mit der Einleitung von ›Loris‹ (d.i. Hugo von Hofmannsthal), und diese Gegenüberstellung äußerlich so disparater, aber atmosphärisch eng verwandter Texte machte die gemeinsame Wurzel der Wiener Moderne sehr sinnfällig. *Liebelei*, der erste große Bühnenerfolg Schnitzlers, folgte 1896, und von nun an erschienen Bühnen- wie Prosatexte exklusiv und in dichter Folge bei Fischer: 1898 u.a. *Freiwild* und *Das Vermächtnis*, 1899 Drei Einakter, 1901 sogar vier Titel, darunter der skandalöse *Leutnant Gustl*. Seine Wiener Autoren, die noch heute zu den bedeutendsten des Verlagsprogramms zählen, lernte Fischer bald auch persönlich kennen: auf der ›Rudolfshöhe‹, einer literarischen Sommerfrische bei Bad Ischl im Salzkammergut, war er mehrfach zu Gast. Dort traf er endlich auch mit Beer-Hofmann zusammen, dessen Erzählung *Der Tod Georgs* zum Jahrhundertwechsel Aufsehen machte.

Den Eintritt Schnitzlers muß man als einen jener entscheidenden Impulse werten, deren jeder Verlag von Zeit zu Zeit bedarf, und bei abnehmender ästhetischer Stoßkraft des Naturalismus kam die auf Wien zielende Neuorientierung wohl zur rechten Zeit. In diesen

Peter Altenberg

Kontext gehört auch *Der Garten der Erkenntnis* von Leopold von Andrian (1895), ein zartes, »symbolistisches« Prosagebilde, das auf die gesamte deutschsprachige Literatur eine stille, aber nachhaltige Wirkung ausübte. Daß diese Erzählung eine vereinzelte Leistung blieb, mag der Grund dafür sein, daß ihr Rang bis auf den heutigen Tag nicht hinreichend gewürdigt wurde. Hofmannsthal war lebenslang mit Andrian befreundet (der Briefwechsel erschien 1968 im S. Fischer Verlag), und er hob mit Recht hervor, es sei »etwas durchaus Außergewöhnliches, Einmaliges«, wenn ein Autor einem solchen Werk jahrzehntelang keine weitere Zeile folgen lasse.
Noch eine weitere Entdeckung brachte das Jahr 1895, gleichsam ein Seitenstück zur Wiener Moderne und eines der ganz wenigen, die selbst Karl Kraus neben der »demolierten Literatur« Jung-Wiens gelten ließ: die erste der berühmten Pappschachteln Peter Altenbergs, die mit Gedankensplittern, Beobachtungen und Skizzen aus dem Alltag gefüllt waren und die von nun an in regelmäßigen Abständen in Berlin eintrafen. Der Inhalt dieses Kartons erschien 1896 unter dem Titel *Wie ich es sehe,* und bis zu Altenbergs Tod im Jahre 1919 folgten weitere neun derartige Sammelbände, deren impulsiver, bisweilen skurriler Stil sich stets gleich blieb, unberührt von allen literarischen Entwicklungen. Diese »kleinen Sachen« erlebten etliche Neuauflagen – auch dann noch, als die Welt, die sie beschrie-

ben, längst versunken war –, und sie wurden, ein seltener Fall, vom breiten Publikum ebenso geschätzt wie von Kritikern und Literaten.
Altenbergs »unglaubliche Musikalität« bewunderte schließlich sogar jener Autor, dessen eigenes Werk zu dem des Wiener Bohemien in einem schärfer kaum denkbaren Gegensatz stand: Thomas Mann. Dessen Erscheinen am Ende des alten Jahrhunderts beschloß endgültig die Phase des Aufbaus und des kämpferischen Einsatzes für eine unterdrückte, wahre Literatur; es begann, wofür Samuel Fischer von Anbeginn gearbeitet hatte: das Einmünden des Revolutionären ins Klassische.

1900–1914
Der deutsche Roman
Thomas Mann, Wassermann, Hesse

Verfolgt man Fischers Arbeit der neunziger Jahre aus dem Blickwinkel seiner späteren Erfolge, so erscheint sie – trotz so bedeutender Entdeckungen wie z. B. der Literatur der Wiener Moderne – vor allem als eine Arbeit der Konsolidierung. Ein technischer, ökonomischer und personeller Rahmen wurde abgesteckt, der dann über Jahrzehnte die äußeren Bedingungen der Verlagsproduktion bestimmte und ihre Kontinuität sicherte. Das »Haus« Fischer entstand, und durchaus auch im wörtlichen Sinne: nach mehreren Umzügen fand der Verlag 1897 seine endgültige Adresse in der Bülowstraße 90; hier war Raum für Lager und Auslieferung, man verfügte über Telefon und endlich auch über Schreibmaschinen, ohne die die rasch sich ausdehnende Korrespondenz nicht mehr zu bewältigen war. Der Verlags-Katalog wurde eingeführt, der – eine buchhändlerische Neuerung – alljährlich das Programm und die Autoren vorstellte und sogar Auflagenziffern verzeichnete. 1895 erschien erstmals der von Otto Eckmann gezeichnete »Fischer mit dem Netz«, das bis heute verwendete Verlagssignet, das Fischers Selbstverständnis als Verleger symbolkräftig ins Bild setzte: als hochrangig erkannte und anerkannte Literatur nicht bloß über den Markt zu verteilen, sondern sie aus dem kreativen Potential der Völker und Generationen erst einmal »einzuholen«. Diese Berufsauffassung stieß allerdings bald an physische Grenzen. Neben seiner kaufmännischen Tätigkeit las und beurteilte Fischer eine ungeheure Zahl eingegangener Manuskripte, bis die anschwellende Papierflut ihn endlich dazu zwang, einen Teil dieser Arbeit zu delegieren. 1896 trat der 26jährige Moritz Heimann als Lektor in den Verlag ein und blieb in dieser Funktion drei Jahrzehnte lang bis zu seinem Tode.

Eine bessere Wahl – sie soll recht spontan erfolgt sein – hätte Fischer kaum treffen können. Heimann, der selbst Bühnenwerke und Novellen verfaßte, verfügte über ein literarisches und sprachliches Urteil, das selbstbewußt und sicher genug war, um in die Manuskripte auch etablierter Autoren korrigierend einzugreifen. Er entwickelte sich zu einem glänzenden Essayisten, der imstande war, das Verlagsprogramm auch unter literaturhistorischen Gesichtspunkten zu präsentieren und zu kommentieren – vor allem natürlich in der ›Neuen Deutschen Rundschau‹ (ab 1904 ›Neue Rundschau‹). Und

Moritz Heimann

schließlich vermochte Heimann kritische und selbst ablehnende Urteile so zu vermitteln, daß die Integrität der Betroffenen unangetastet blieb – eine angesichts der Empfindlichkeiten und Versagensängste vieler Autoren außerordentlich wertvolle Qualifikation, die sich z. B. im Umgang mit Jakob Wassermann und im Hinblick auf dessen Schaffen sehr bewährte. Auf der Ebene persönlicher und sozialer Differenzen scheint Hedwig Fischer, geborene Landshoff, seit 1893 die Ehefrau des Verlegers, über ähnliche Fähigkeiten der Integration und des Ausgleichs verfügt zu haben; sie führte die über das Geschäftliche hinausgehende Autorenkorrespondenz – de Mendelssohn spricht von mehr als 50 000 Briefen in vierzig Jahren! –, und sie vermittelte eine Unzahl von Bekanntschaften der Autoren miteinander. Diese fast familiäre Einbettung und die sachliche För-

Berlin, Bülowstraße 90/91
Sitz des S. Fischer Verlags ab Herbst 1897

derung durch Heimann veranlaßten manchen Autor dazu, lukrative Angebote anderer Verlage auszuschlagen.
Etabliert hatte sich unterdessen auch die ›Neue Deutsche Rundschau‹, die unter der Leitung Oscar Bies die naturalistische Polemik hinter sich ließ und die, parallel zum Verlagsprogramm, immer deutlicher einem modernen, gediegenen Realismus zustrebte. Eine

Erstes Heft Januar 1904
Die neue Rundschau
XVter Jahrgang der freien Bühne
Inhalt:
Gerhart Hauptmann Das Hirtenlied
Wilhelm Boelsche Zukunft der Menschheit
Emil Strauß Kreuzungen, Roman
Ellen Key Über Liebe und Ehe
Thomas Mann Ein Glück, Studie
Alfred Kerr Neue Schauspielkunst
Richard Dehmel Der kleine Held
Rundschau:
Gottes Schatten / Das kleine Welttheater
Der technische Sinn
Bezugspreis für das Vierteljahr: Sechs Mark / Preis des einzelnen Heftes: Zwei Mark 50 Pf.
Berlin / S. Fischer / Verlag

langfristige kulturelle Identität und Funktion der Zeitschrift gewann jetzt Kontur. »Mir ist alles Grüne und Kindische in der Seele verhaßt«, schrieb Bie an Björnson. »Als ich die Redaction antrat, sagte ich mir: das alles muß aufhören, die Zeitschrift muß das Organ einer erwachsenen Moderne werden.« Was sich in dieser Intention ankündigte, war bereits die vornehm-liberale ›Neue Rundschau‹ der Vorkriegsjahre, jene wohl wichtigste Kulturzeitschrift Europas, die den von Fischer geforderten »künstlerisch gestalteten Essay« pflegte und die Beiträge all derjenigen zeitgenössischen Autoren brachte, die heute, gegen Ende des zwanzigsten Jahrhunderts, zu den »Klassikern der Moderne« zählen.
Vor dem Hintergrund dieser Entwicklung ist nun auch das Auftreten Thomas Manns zu bewerten; denn daß dieser noch nicht 22jährige so rasch Zugang fand zu einem Unternehmen, das von literarischen Debütanten umschwärmt wurde, ist geradezu symptomatisch für jene Auffassung von Literatur, die sich selbst als »er-

Thomas Mann

wachsen« definierte. Als Thomas Mann Anfang 1897 die Novelle *Der kleine Herr Friedemann* an die ›Neue Deutsche Rundschau‹ schickte (zwei schwächere Arbeiten waren bereits andernorts publiziert), reagierte man dort, als hätte man das neue Talent bereits dringlich erwartet: Bie forderte den Autor auf, alle vorhandenen weiteren Manuskripte ihm sogleich zu übersenden. Das ist nun kaum verwunderlich, vereinte die *Friedemann*-Novelle doch bereits eine durchaus konservative, sprachliche und formale Geschlossenheit mit Spiegelungen einer modernen Welt- und Ich-Erfahrung: psychologische Aufgeklärtheit und ironische Distanz – insgesamt also recht genau jenes Amalgam von Überlieferung und Innovation, das sich Bie unter einer »erwachsenen Moderne« vorstellen

mochte. Die Arbeiten, die Thomas Mann einschickte – u. a. *Der Bajazzo* und *Tobias Mindernickel* –, wurden in einem Novellenband vereint, der dann im folgenden Jahr unter dem Titel *Der kleine Herr Friedemann* in der billigen Reihe ›Collection Fischer‹ erschien. Wie hoffnungsvoll auch Fischer durch diese Entdeckung gestimmt wurde, beweist seine Antwort vom Mai 1897, in der es heißt: »Ich würde mich aber freuen, wenn Sie mir Gelegenheit geben würden, ein größeres Prosawerk von Ihnen zu veröffentlichen, vielleicht einen Roman, wenn er auch nicht so lang ist.« Und der charakteristische Schlußsatz: »Ich will für Ihre Production gerne wirken, natürlich unter der Voraussetzung, daß Sie mir alle Ihre Produkte zum Verlag übergeben.«

An einen derartigen Status als Hausautor war jedoch noch lange nicht zu denken, denn erst Ende 1897 begann Thomas Mann, der mit seinem Bruder Heinrich in Rom lebte, mit der Niederschrift seines ersten Romans: *Buddenbrooks.* Dessen Manuskript aber, das ursprünglich auf den gewöhnlichen Umfang von 250 Druckseiten berechnet war, schwoll auf das Vierfache an, uferte förmlich aus. Erst nach vollen drei Jahren, während derer Thomas Mann sich mit nur wenigen kleineren Arbeiten in Erinnerung rufen konnte, lag das Familienepos abgeschlossen vor. Als geradezu monströses Konvolut ging es an Fischer ab: handschriftliche, doppelseitig beschriebene und von Korrekturen übersäte Blätter, die wohl heutzutage, von einem Anfänger eingereicht, von keinem Lektorat zur eingehenden Prüfung akzeptiert würden.

Fischer und Heimann machten sich an die Lektüre, und nach etwa zwei Monaten, Ende Oktober 1900, hielt Thomas Mann einen erstaunlichen Vorschlag in Händen. Fischer schrieb:

Glauben Sie, daß es Ihnen möglich ist, Ihr Werk um etwa die Hälfte zu kürzen, so finden Sie mich im Prinzip sehr geneigt, Ihr Buch zu verlegen. Ein Roman von 65 ausgedruckten Bogen ist für unser heutiges Leben fast eine Unmöglichkeit; ich glaube nicht, ob sich viele Menschen finden, die Zeit und Concentrationslust haben, um ein Romanwerk von diesem Umfang in sich aufzunehmen. Ich weiß, daß ich Ihnen eine ungeheuerliche Zumutung stelle...

Ein krasses, aus heutiger Sicht geradezu katastrophales Fehlurteil, das indes nicht Fischer allein zu verantworten hatte. Denn zu seiner nicht unbegründeten Furcht vor finanziellem Fiasko – der Absatz der *Friedemann*-Novellen ging sehr schleppend – trat die Kritik Heimanns, dessen Gutachten den *Buddenbrooks* eine mangelhafte Verknüpfung des Menschlichen und Sozialen bescheinigte und daraus die Erwartung ableitete, die Charaktere des Romans werden den Leser langweilen.

Thomas Mann lehnte ab; er verspürte keine Lust, die Arbeit dreier Jahre – wie er an Heinrich schrieb – »zu verschenken«. Sein Antwortschreiben, das er später als den »schönsten Brief meines Lebens« bezeichnete, ist leider nicht erhalten; es muß jedoch außerordentlich geschickt an das literarische Gewissen Fischers appelliert haben, dem selbst klar gewesen sein dürfte, daß Umfang und Inhalt eines epischen Werks in einer Beziehung zueinander stehen, die nicht derart willkürlich zu manipulieren ist. Er willigte schließlich ein – »wenn ich auch als Verleger von diesem ungewöhnlichen Umfang nicht gerade sehr entzückt bin« –, und auch Heimann revidierte sein Urteil nach der zweiten Lektüre. Thomas Mann erhielt seinen ersten Fünfjahreskontrakt, die *Buddenbrooks* erschienen im Oktober 1901 in einer tatsächlich ungewöhnlichen, nämlich zweibändigen, 1100 Druckseiten umfassenden Ausgabe zum Preise von zwölf Mark.

Fischers Befürchtungen schienen sich zunächst zu bestätigen, denn die ersten tausend Exemplare waren erst nach einem Jahr verkauft, und die Kritik blieb lau. Es zeigte sich jedoch, daß wesentlich nicht der Umfang, sondern der hohe Preis das Publikum verschreckte. Als Anfang 1903 die zweite, nun einbändige Auflage zum Preis von fünf Mark in den Handel kam, war der Erfolg da, und dieses bisher dickleibigste Fischer-Buch setzte zu einem ausdauernden Höhenflug an, der bis heute in der Geschichte des Verlags nicht seinesgleichen hat. Zahllose Übersetzungen machten den Roman zu einem literarischen Weltereignis. Im November 1929 – inzwischen war das 185. Tausend ausgeliefert – erhielt Thomas Mann den Nobelpreis für Literatur, und die Laudatio begründete diese Entscheidung ausdrücklich mit dem Erfolg der *Buddenbrooks* als eines »klassischen

Werks der Gegenwart«. Kurz zuvor hatte sich Fischer dazu überreden lassen, den Roman zum Warenhauspreis von 2,85 Mark zu vertreiben: die Folge war eine neue Auflagen-Explosion, die das Buch binnen eines Jahres über die von niemandem für möglich gehaltene Million brachte.

Wir wissen heute, daß innerhalb des Gesamtwerks Thomas Manns die *Buddenbrooks* eine zweifellose Sonderstellung einnehmen. Sie begründeten den plötzlichen Ruhm des jungen Autors, kein anderes seiner Werke jedoch gelangte zu einer derartigen, sonst nur der Unterhaltungsliteratur vorbehaltenen Massenwirkung. Die *Buddenbrooks* waren unwiederholbar, und glücklicherweise war sich Thomas Mann dessen bewußt. Nach dem 1903 erschienenen Novellenband *Tristan* (der *Tonio Kröger* enthielt) folgten weitere Publikationen nur zögernd, und ihre Abfolge verdeutlicht, daß Thomas Mann die ihm gemäße Form noch keineswegs gefunden hatte. Ende 1905 erschien *Fiorenza*, ein auf die Bühne versetzter platonischer Dialog, der ungeheuere Mühe kostete und der dennoch wohl nur als Werk des Übergangs zu werten ist. Die Novelle *Wälsungenblut*, die den Geschwisterinzest thematisierte und die im Januar 1906 in der ›Neuen Rundschau‹ erscheinen sollte, ließ der Autor aus privaten Rücksichten einstampfen. Erst 1909 konnte der Verlag wieder einen Roman Thomas Manns ankündigen: *Königliche Hoheit*, ein »epischer Scherz«, der viel öffentlichen Widerspruch provozierte, und der, wie der Autor sich beklagte, »von der Kritik entschieden nicht recht für voll, nicht recht ernst genommen« wurde. Indes war der Verkaufserfolg erfreulich, und vor allem im Ausland erschloß *Königliche Hoheit* ein breites Publikum und neue Verlagsverbindungen. Abermals vier Jahre später erschien die Buchausgabe von *Der Tod in Venedig*, und damit war, abgesehen von kleineren Auftragsarbeiten für Zeitschriften, das Werk der Vorkriegsjahre bereits abgeschlossen. Zwar arbeitete Thomas Mann auch schon an epischen Entwürfen größeren Stils – am *Felix Krull* und ab 1913 am *Zauberberg* –, jedoch lenkte der Kriegsausbruch seine Produktion nochmals in neue Richtung und verzögerte seine Reifezeit als Erzähler.

»Es ist kein großes Vergnügen, neue deutsche Romane zu lesen«, hatte Heimann 1895 geklagt, »aber das Leben ist auch kein großes Vergnügen. Das ist so ziemlich die stärkste Ähnlichkeit, die die Romane mit dem Leben haben.« Mit Thomas Mann hatte Fischer einen Autor gewonnen, der aus jenem Zustand des epischen Dilettantis-

mus herausführte, der damit nicht nur den Lesern, sondern auch einer jungen Generation deutschsprachiger Schriftsteller die Prosaform neu erschloß und ihre Ausdrucksmöglichkeiten entschieden differenzierte und verfeinerte. Zwar repräsentierten innerhalb des Verlagsprogramms auch schon die Skandinavier eine Erzähltradition von Rang, aber gerade deren sprachliche Qualitäten konnten sich in Deutschland nicht recht entfalten, da es an adäquaten, geschweige kongenialen Übersetzern weitgehend fehlte. Fischer schrieb nun diese Autoren keineswegs ab; so war z. B. der Schwede Gustaf af Geijerstam von 1901 bis zu seinem Tode 1909 mit jährlich einem Titel vertreten, das Werk Herman Bangs wurde weiterhin betreut, und noch vor dem Kriege veranstaltete der Verlag mehrere skandinavische Gesamtausgaben (Geijerstam 1910, Björnson 1911, Nansen 1912). Von der folgenden Generation jedoch fanden nur noch zwei Autoren nach Berlin, Johannes V. Jensen und Aage Madelung, und mit der auch international anwachsenden Geltung deutscher Prosa – Thomas Mann sprach sogar von deren »Europäisierung« – nahm Fischers Interesse am skandinavischen Sprachkreis ab.
Indes darf man sich diese Entwicklung nicht allzu homogen vorstellen. Es handelte sich durchaus nicht um eine literarische, gar programmatisch begründete Bewegung, sondern Thomas Manns Begriff bezeichnete viel eher die Resultante einer Vielzahl literarischer Vorstöße, die von Autoren sehr verschiedenartigen individuellen Stils unternommen wurden – mit unterschiedlicher Resonanz. Erzähler wie Hermann Stehr und Emil Strauß, die seit 1898 von Heimann gefördert wurden, setzten sich nicht durch; ihnen konnte auch Hugo von Hofmannsthal, der Strauß' *Der Engelwirt* (1900) sehr anerkennend und Stehrs *Der begrabene Gott* (1905) geradezu hymnisch rezensierte, nicht zum Erfolg verhelfen. Ähnlich erging es dem Schweizer Jakob Schaffner: keiner der fünf Romane, die Fischer zwischen 1905 und 1911 druckte, kam über das dritte Tausend hinaus. Doch auch in derartigen Fällen lag Fischer mehr an der Präsentation des Autors als am bloßen Sammeln einzelner, erfolgreicher Titel. Der baltische Erzähler Eduard von Keyserling, der erst 1902, als Fünfundvierzigjähriger, zu einer kontinuierlichen literarischen Produktion fand, gehörte trotz bescheidener Wirkung lange Jahre zum Kreise der Hausautoren; noch 1933 erschien eine zweibändige Ausgabe seiner Romane. Die Prosa Friedrich Huchs han-

delt vom Schicksal der Kinder- und Jugendgeneration und war damit von ähnlicher stofflicher Aktualität wie Musils *Törleß*, ohne doch dessen Erfolg zu teilen. Dazu traten Bernhard Kellermann, Martin Beradt, Hans Reisiger – Namen, die heute gewiß nicht zum »klassischen« Bestand deutscher Literatur zählen, die jedoch aufgrund ihrer erzählerischen Qualitäten dem S. Fischer Verlag ein unverwechselbares literarisches Profil aufprägten, wie es durch den Ausstoß von Bestsellern allein nicht zu begründen ist. Ab und an gelang auch einem dieser Autoren der zweiten Reihe ein überraschender Durchbruch, wie es etwa – wovon noch zu sprechen ist – mit Kellermann geschah. Auflagenziffern, Preise und Ehrungen jedoch häuften sich über dem Werk vor allem dreier Autoren, und diese drei waren es, die der deutschsprachigen Prosa in den Vorkriegsjahren zu neuer Geltung verhalfen, sie waren es auch, die schließlich mit dem Namen S. Fischer jahrzehntelang assoziiert wurden: Thomas Mann, Hermann Hesse und Jakob Wassermann.

Der Aufstieg des 26jährigen Basler Buchhändlers Hesse zum literarischen Ruhm vollzog sich nach einem Muster, das in den Wunschphantasien junger Debütanten wohl die Regel, in der Realität des

Hermann Hesse, 1906

Verlagswesens jedoch die Ausnahme ist. Hesse hatte bereits Gedichte und Prosastücke in kleiner Auflage und bei verschiedenen Verlagen publiziert, er schrieb aus Geldnot auch Rezensionen, als ein Schweizer Dichter, der weder mit Hesse noch mit S. Fischer persönlich bekannt war, einen der schmalen Bände nach Berlin schickte. Fischer fand daran Gefallen und forderte nun Hesse Anfang 1903 auf, ihm neuere Arbeiten vorzulegen.

Hesse war angenehm überrascht, blieb jedoch bescheiden: er schreibe »nicht sehr viel und nur aus persönlichstem Bedürfnis«, und dies wenige sei »zu erheblichen Bucherfolgen wohl nicht geeignet«. Trotzdem stellte er ein bereits begonnenes Manuskript, den *Peter Camenzind*, innerhalb weniger Monate fertig. Von dieser autobiografischen »Prosadichtung« war Fischer so begeistert, daß er, obgleich auch er einen Auflagenerfolg nicht für möglich hielt, sogleich das Propagandamittel der ›Rundschau‹ einsetzte. Im Herbst 1903 wurde *Peter Camenzind* in gekürzter Form vorabgedruckt, im Februar 1904 folgte die Buchausgabe.

Lange vor Auslieferung dieses Erstlings hatte bereits Fischer mit Hesse einen Fünfjahresvertrag geschlossen, und dies deutete nicht nur auf ein sicheres und selbstbewußtes Urteil des Verlegers, son-

dern indirekt auch auf den Einfluß Thomas Manns: 1903 war das Erfolgsjahr der *Buddenbrooks*, und der Beweis war erbracht, daß auch ein stark regional gefärbter Roman sich anspruchsvolleren Leserschichten erschließt, sofern er nur, wie es der Autor formulierte, »den Kern allgemein menschlichen Erlebens (zu) treffen« vermag und sich damit von bloßer Heimatkunst absetzt. Diese regionale Bindung war allerdings bei *Peter Camenzind* – wie auch bei den folgenden Arbeiten Hesses – noch ausgeprägter als bei Thomas Mann, ihre schließliche Auswirkung darum schwerlich vorauszusehen. Jedoch gelangte das Buch zu überraschendem Erfolg, innerhalb von vier Jahren wurden 50000 Exemplare abgesetzt, und Hesse war seiner finanziellen Misere mit einem Schlage enthoben.

Ende 1905 folgte *Unterm Rad*, ein abermals autobiografischer Roman, der auf Hesses Leidenszeit im Maulbronner Seminar zurückging; 1907 bis 1912 erschienen drei Bände Erzählungen, *Diesseits*, *Nachbarn* und *Umwege*. Daneben entfaltete Hesse eine umfangreiche editorische Tätigkeit, z. B. ab 1907 als Mitherausgeber der im Verlag Albert Langen erscheinenden Kulturzeitschrift ›März‹. Wie sehr Fischer daran lag, diesen konstant erfolgreichen Autor an seinen Verlag zu binden, beweisen die einmaligen Sonderkonditionen, die er ihm einräumte, als 1908 die Verlängerung des Vertrags fällig wurde. Nicht nur durfte Hesse eines seiner nächsten Werke an Langen überlassen (dies geschah 1910 mit dem Roman *Gertrud*), er erhielt auch fortan – und schließlich über drei Jahrzehnte – eine monatliche »Prämie«, die nicht auf das Honorar angerechnet wurde. 1911 beteiligte sich Fischer an der Finanzierung von Hesses Indien-Reise, deren literarischer Ertrag 1913 vorlag (*Aus Indien. Aufzeichnungen von einer indischen Reise*).

Hesse war ein schwieriger Verhandlungspartner; die Betreuung und Durchsetzung seines Werks jedoch machte wenig Probleme, da er seinen Stil früh gefunden hatte und seine »Gemeinde« nicht mit stofflichen oder formalen Experimenten verschreckte. Gerade entgegengesetzt verhielt es sich mit Jakob Wassermann: dieser entwickelte rasch persönliche Beziehungen zum Verlag, wurde zum engsten Freund Fischers – seine literarischen Arbeiten jedoch drangen nur langsam durch, es bedurfte der intensiven Unterstützung Heimanns und Fischers, diesem Autor über Schaffenskrisen, abgebrochene und verfehlte Versuche hinwegzuhelfen.

1897 waren *Die Juden von Zirndorf* bei Langen erschienen; Heimann hatte den Roman wohlwollend rezensiert, und Schnitzler hatte Fischer empfohlen, den 26jährigen Autor, der dringend eines sozialen und literarischen Anschlusses bedurfte, bei nächster Gelegenheit von Langen zu übernehmen. Mit dem Namen war also Fischer bereits vertraut, als ihm Wassermann im Herbst 1899 ein neues Romanmanuskript vorlegte: *Die Geschichte der jungen Renate Fuchs*. Welche Erwartungen er damit bei kompetenten Lesern weckte, illustriert ein Brief Schnitzlers, der die *Renate Fuchs* als Vorabdruck in der ›Neuen Deutschen Rundschau‹ kennenlernte: »Es wirkt wie die Vorstufe zu dem großen Roman, zu dem ganz großen, der für unsere Zeit in Deutschland noch nicht geschrieben ist, und Wassermann könnte ihn schreiben...« Eine Äußerung von besonderem Akzent, waren doch gerade zehn Tage zuvor, am 18. Juli 1900, die *Buddenbrooks* vollendet worden – was Schnitzler nicht wissen konnte. Indes fand auch Wassermanns »Vorstufe« breite Anerkennung; *Renate Fuchs* war nicht nur ein buchhändlerischer Erfolg, der jahrzehntelang anhielt, sondern – und dies war im Literaturbetrieb Berlins von großer Bedeutung – sie begeisterte auch Kritiker wie Maximilian Harden und Alfred Kerr, die, wie bekannt, dem Hause Fischer durchaus keinen Bonus einräumten.

Wassermann hatte die Gewohnheit, nicht nur intensiv und schnell, sondern stets auch an mehreren Romanen gleichzeitig zu arbeiten. Er stürzte sich von einem Stoff in den nächsten, beschäftigte sich neben dem je aktuellen Projekt schon mit den zwei oder drei folgenden und hatte so niemals die Zeit, die einem vorgegebenen Sujet angemessene Form heranreifen zu lassen. Das führte einerseits dazu, daß zahlreiche Texte unvollendet blieben – Wassermann hat später bekannt, daß er in den Jahren nach 1900 wesentlich mehr vernichtete als veröffentlichte. Andererseits litt unter diesem Arbeitsstil die Qualität auch der abgeschlossenen Werke, und eine Serie von Mißerfolgen sollte dies dem Autor bald drastisch vor Augen führen. Dem Großstadtroman *Der Moloch*, der im Herbst 1902 erschien, konnten auch die beharrlichen Ausbesserungen Heimanns nicht zu größerer Überzeugungskraft verhelfen; »doch nur Litteratur und nicht Leben«, lautete das Urteil des Lektors. Der im Juli 1903 abgeschlossene *Alexander*-Roman, für den Wassermann jahrelang recherchiert und schließlich gar »Blut und Tinte geschwitzt« hatte, wurde von Bie nicht zum Vorabdruck angenommen; und selbst die gründlich überarbeitete Fassung, die Wassermann ein halbes Jahr später vorlegte, wurde in nächtelangen Gesprächen mit Heimann von neunhundert auf vierhundert Manuskriptseiten gekürzt, womit sich der gerne in Details schwelgende Autor schließlich abfand. Doch auch *Alexander in Babylon*, Ende 1904 erschienen, brachte nur mäßigen Erfolg, und es wurde nun doch fraglich, ob Wassermanns erzählerische Kraft nicht schon im Schwinden und seine gestalterischen Fähigkeiten durch große Stoffe nicht schon überfordert seien. Diese Entwicklung spitzte sich weiter zu, als Wassermann 1905 den autobiografischen Roman *Engelhart Ratgeber* vollendete, um des-

Jakob Wassermann

sentwillen er andere Projekte seit Jahren immer wieder unterbrochen hatte. Auch dieses Werk wirkte blutleer; Fischer nahm es zwar an, aber Wassermann zog es im letzten Augenblick wieder zurück, und nicht zu Unrecht, wie ein ausführliches Gutachten Heimanns begründete: nur als Erinnerungen könne man die geschilderten Ereignisse gelten lassen, und als »Disziplinierungsmittel« gebe er Wassermann den Rat, lieber Novellen zu schreiben, denn dies werde ihn dazu zwingen, seinen Stoff wirklich durchzuformen. Auch diesmal ließ sich Wassermann überzeugen, und bei seinem näch-

sten Besuch in Berlin hatte er tatsächlich eine fertige Novelle vorzuweisen. *Engelhart Ratgeber* jedoch blieb unveröffentlicht, erst seit 1973 ist der vollständige Text zugänglich.
Unterdessen hatte Fischer nach zahlreichen Schwierigkeiten Wassermanns frühes Werk von Langen übernommen, er hatte jetzt auch diesen Autor »vollständig«. Im Herbst 1906 brachte er, gleichzeitig mit einer erfolgreicheren Neufassung der *Juden von Zirndorf*, den Novellenband *Die Schwestern*, dem Hofmannsthal seinen außerordentlichen Erzähl-Essay *Unterhaltungen über ein neues Buch* widmete. Wassermann verstehe es, heißt es darin, »die Maße einzuhalten« – ein Lob, das genau den kritischen Punkt traf und zweifellos auch als Mahnung zu lesen war, das autobiografische Debakel nicht zu wiederholen. Hofmannsthals optimistisches Urteil sollte sich bald bestätigen, denn schon 1907 lieferte Wassermann den Nachweis, daß er einer Steigerung noch durchaus fähig war: *Caspar Hauser oder die Trägheit des Herzens* war, wie Thomas Mann schrieb, ein »Glücksfall«, denn selten sei es, »daß Stoff und Begabung einander so finden«. Leider blieb nun Fischer mißtrauisch; er wollte *Caspar Hauser* selbstverständlich ins Programm nehmen, ließ jedoch in der Frage des Honorars nicht mit sich handeln. Wassermann, der völlig verschuldet war, geriet in Gewissensnöte, reichten doch seine Zweifel womöglich noch tiefer als die des Verlegers: »Ich glaube überhaupt nicht mehr an Auflagen und dergleichen...« Schließlich akzeptierte er, nach vergeblichen Bitten an Fischer, ein Angebot der Deutschen Verlagsanstalt in Stuttgart, die für den Vorabdruck das Doppelte bot und für die Buchausgabe sieben Auflagen im voraus honorierte. *Caspar Hauser* erschien also nicht bei Fischer. Gerade dieser Roman aber festigte nun endgültig Wassermanns Ruhm, und innerhalb weniger Jahre avancierte er zu einem der meistgelesenen Autoren deutscher Sprache. Die Freundschaft Wassermanns mit Fischer überdauerte diesen Konflikt; die folgenden Werke (*Die Maske Erwin Reiners*, 1910; *Der goldene Spiegel*, 1911; *Der Mann von vierzig Jahren*, 1913) erschienen wieder in Berlin, auch *Caspar Hauser* wurde schließlich übernommen und kam 1912 als »wohlfeile« und äußerst erfolgreiche Neuausgabe auf den Markt. Wassermann, der nun ständig von anderen Verlagen umworben wurde, blieb bei Fischer bis 1933; seine *Gesammelten Werke in Einzelausgaben* erschienen zwischen 1924 und 1931.
Die neuen Möglichkeiten des »modernen« Romans, die von einer

jungen Generation von Schriftstellern nun systematisch ausgelotet wurden, erhielten dem Programm des S. Fischer Verlags jene Dynamik, die mit der Überalterung des Naturalismus verlorenzugehen drohte. Verstärkt wurde dieser Akzent noch dadurch, daß auch einige bereits etablierte, als Dramatiker ausgewiesene Autoren sich an der Prosaform versuchten, z. B. Schnitzler mit seinem ersten Roman *Der Weg ins Freie* (1908), sowie – damals aufsehenerregend – Gerhart Hauptmann mit dem *Emanuel Quint* (1910). Dieser Zug zum Erzählerischen kam dem literarischen Geschmack Fischers offenbar entgegen, der sich auf anderen Gebieten, z. B. dem der lyrischen Produktion, seines Urteils weit weniger sicher war. Der Verlag brachte zwei Bände mit Gedichten von Christian Morgenstern, Fischer bemühte sich erfolglos auch um Rilke, aber diese vereinzelten Aktivitäten zeugten von einem sichtlich geringeren Engagement, so daß die meisten jungen Lyriker sich von vornherein anderen Verlagen zuwandten. Hofmannsthal ließ sein lyrisches Werk, das um 1900 abgeschlossen war, vom Insel-Verlag betreuen, bei Fischer dagegen erschienen ab 1906 die gesammelten *Prosaischen Schriften*, von deren ursprünglich geplanten vier Bänden schließlich drei gedruckt wurden.

Allein das Werk Dehmels nahm hier eine Sonderstellung ein, und zwar in mehrfacher Hinsicht. Richard Dehmel, ein Jahr jünger als Hauptmann, zählte zeitweise zum Friedrichshagener Kreis und entwickelte sich in den neunziger Jahren vom epigonalen naturalistischen Lyriker zum »Dichter der Jugend«. Seine sinnliche und monumentale Sprache war getragen von einem Aufbruchspathos, in dem sich das Lebensgefühl der jugendbewegten Generation spiegelte. Die Verletzung sittlicher und religiöser Tabus führte zu behördlichen Verfolgungen, die seine Popularität nur noch steigerten. Neun Bücher hatte Dehmel bereits bei verschiedenen Verlagen publiziert – darunter als bekanntestes das Versepos *Zwei Menschen* (1903) –, als er 1905 in persönliche Beziehung zum Hause Fischer kam und hier den Plan einer Gesamtausgabe vorlegte. Fischer stimmte grundsätzlich zu; über die äußere Gestaltung der Bände jedoch kam es zu langwierigen Auseinandersetzungen, denn einerseits wollte Dehmel über jedes Detail der Herstellung selbst entscheiden, andererseits wollte sich Fischer mit der von Dehmel bevorzugten Jugendstil-Symbolik durchaus nicht abfinden – ein Konflikt, der auch eine gewisse Fremdheit dieses Autors in der bürgerlich-liberalen Atmosphäre des Verlags dokumentiert (auch Heimann stand Dehmel kritisch gegenüber). Im Herbst 1906 endlich wurden die *Gesammelten Werke in zehn Bänden* eröffnet, der zehnte Band erschien 1909, und zusätzlich wurden *Hundert Ausgewählte Gedichte* zusammengestellt, die innerhalb von drei Jahren die erstaunliche Auflage von 18000 Exemplaren erreichten. Dehmel war damit

der erste und einzige Hausautor Fischers, in dessen Werk Lyrik eine zentrale Stelle einnahm, und er war zugleich der einzige, der, ohne von Fischer gefördert und »aufgebaut« worden zu sein, sogleich mit einer Gesamtausgabe im Programm erschien – was Franz Blei witzig kommentierte: »Frühzeitig beschloß er, seine Sämtlichen Werke zu verfassen.« 1913, als Dehmel auf der Höhe seines Ruhms stand, brachte Fischer auch noch eine Volksausgabe in drei Bänden, die mit der großen Ausgabe fast inhaltsidentisch war, die jedoch wegen ihres viel geringeren Preises vor allem zahlreichen jungen Lesern das Werk Dehmels erst zugänglich machte.
Verglichen mit der lyrischen Produktion hatte freilich – zumindest in der vorexpressionistischen Zeit – das Theater die weitaus größere soziale und ästhetische Relevanz. Die Tatsache, daß sich Fischers

Ruf als Verleger der Moderne von Anbeginn an die Publikation aufsehenerregender Bühnenwerke knüpfte, spiegelte also durchaus den objektiven Stand des literarischen Prozesses und die unterschiedliche Funktion der Literaturgattungen. Diese Reputation war, als schließlich das Erzählerische wieder an Boden gewann, noch keineswegs verblaßt. Der naturalistischen Dramatik waren impressionistische und neuromantische Bewegungen gefolgt, und um die Jahrhundertwende erschienen nahezu alle bedeutenden neuen deutschsprachigen Bühnenautoren bei S. Fischer, dazu das überragende Vorbild Ibsen mit seinem vollständigen Werk. Diese Dramatiker bildeten noch immer den Kern des Verlagsprogramms; Hauptmann, Schnitzler und Hofmannsthal hatten sich keinem Ismus verschrieben, sie büßten darum auch keineswegs an Bedeutung ein, als die Richtungskämpfe auf der Bühne abflauten. Fischer schätzte diese unprogrammatische Stetigkeit des Schaffens. Er bewahrte sich einen ursprünglichen Sinn fürs Theater und konnte in den folgenden Jahren noch einen weiteren, ebenso bedeutenden wie verkannten Bühnenautor gewinnen: Bernard Shaw.

Dieser irische Satiriker sollte in späterer Zeit einmal zu den nobelpreisgeehrten Berühmtheiten des Verlags gehören; im Jahre 1903 jedoch handelte es sich darum, das deutsche Publikum mit einem fremdsprachigen Autor anzufreunden, der nicht einmal in seinem Heimatland gespielt wurde – eine Spekulation von sehr ungewissem Ausgang. Shaw überließ dem Übersetzer und Fischer-Autor Siegfried Trebitsch die deutschsprachigen Rechte an seinem Werk, und Trebitsch gab zunächst einmal drei Stücke an Cotta, nachdem seine Übersetzung von *Arms and the Man (Helden)* als geschlossene Vorstellung der Berliner Freien Volksbühne gezeigt worden war. Ende 1903 kam dann ein Vertrag mit Fischer zustande, es erschien *Der Schlachtenlenker* (später *Der Mann des Schicksals*); 1904 folgte *Cäsar und Cleopatra*, 1906 *Der verlorene Vater* (später *Man kann nie wissen*) und *Frau Warrens Gewerbe.* Während Shaw unterdessen in London die ersten Erfolge feierte, war jedoch mit den inkorrekten und unsprechbaren Übersetzungen Trebitschs nichts zu verdienen; Fehlinszenierungen und Fehlbesetzungen taten ein übriges, das Publikum zu verschrecken, und es dauerte ein volles Jahrzehnt, bis sich endlich Shaw mit der Komödie *Pygmalion* auf der deutschen Bühne durchsetzte – immerhin bereits sein zwanzigster Titel bei Fischer, eine dreibändige Werkauswahl einbegriffen. Erst von 1913 an, als sich Shaw bereits dem sechzigsten Lebensjahr näherte, konnte auch sein deutscher Verlag nennenswerte Auflagen verzeichnen. Während des Ersten Weltkriegs durfte der »Gegner« selbstverständlich nicht mit neuen Titeln erscheinen; aber schon im ersten Nachkriegsjahr setzte Fischer seine Shaw-Edition fort und faßte sie 1923 in einer sechsbändigen Gesamtausgabe zusammen, der dann das Spätwerk sukzessive angegliedert wurde und die 1935 mit dem neunten Band zum Abschluß kam.

Bernard Shaw

Der anfängliche Mißerfolg Shaws traf Fischer gewissermaßen doppelt. Seit 1903 nämlich gab es die ›Theaterabteilung – Verlag und Vertrieb Dramatischer Werke S. Fischer Verlag‹, ein dem Unternehmen angegliederter Bühnenvertrieb, der für nahezu sämtliche Fischer-Autoren das Inkasso bei den Theatern besorgte und später auch Dramatiker anderer Verlage betreute. Diese organisatorische Kopplung von Bühnenvertrieb und Verlag war im deutschen Verlagswesen etwas Neues; jedoch war diese Möglichkeit naheliegend gerade im Falle S. Fischers, der einerseits die wichtigsten zeitgenössischen Dramatiker selbst verlegte, der andererseits zu den Berliner Bühnen, und damit zu den Schrittmachern des deutschsprachigen Theaters, langjährige persönliche Beziehungen unterhielt. Theatererfahrung war in diesem Geschäft unabdingbare Voraussetzung, denn die Rezeption des gedruckten und des gespielten Stücks folgte je eigenen Gesetzen, wie jeder Buchhändler wußte. Fischer besaß diese Erfahrung aus seiner Zusammenarbeit mit der Freien Bühne, und er war auch den beträchtlichen juristischen Verwicklungen gewachsen, die sich aus der Verwertung von Stücken bisweilen ergeben konnten. Das neue Unternehmen hatte jedoch Erfolg und dehnte sich stetig aus; Vertretungen im Ausland wurden gegründet, ein eigener *Verlagskatalog des Bühnenvertriebs* herausgegeben. 1911 hatte die Abteilung die Rechte an 166 Stücken, davon allerdings allein einundsechzig von Björnson, Hofmannsthal, Schnitzler und Shaw. Verluste durch schwierige, wenig gespielte Werke – wie etwa die Hofmannsthals – wurden ausgeglichen durch Massenerfolge einzelner populärer Stücke, wie z. B. Carl Rößlers Lustspiel *Die fünf Frankfurter* von 1911.

Der eigene Bühnenvertrieb war eine organisatorische Idee, die darauf abzielte, die ökonomische Verwertung von Theaterstücken für Autor und Verlag zu vereinfachen. Das war neu, aber es veränderte nicht die Rahmenbedingungen des Büchermarkts, es betraf nicht den Leser und Zuschauer. Ein anderes Projekt jedoch, mit dem Fischer im selben Jahrzehnt an die Öffentlichkeit trat, griff tief ein in die Konventionen des Buchhandels, in die Zirkulation des Buchs als Ware und sogar in das Kauf- und Leseverhalten breiter Bevölkerungsschichten: das Projekt des billigen, kleinformatigen, mobilen Buchs, des Taschenbuchs.

Es war offenkundig – und Vorbilder im europäischen Ausland bestätigten dies –, daß ein derartiges Buch nur im Rahmen einer Reihe zu realisieren war, die sich dem Käufer als Markenzeichen einprägte. Es sollte spontan erworben werden, nicht als Geschenk oder für den repräsentativen Bücherschrank, sondern zum täglichen Gebrauch in allerlei alltäglichen Situationen der Muße. Das Lesen »guter« Literatur sollte sich nicht seines kulturellen, wohl aber seines kulthaften Moments entledigen, das bildungsschwächere Schichten abschreckte und ein längst anachronistisches Kulturprivileg am Leben hielt.

Bereits 1897 hatte Fischer einen ersten Anlauf genommen, den Konsum von Literatur wesentlich zu verbilligen: er begründete die ›Collection Fischer‹, eine Reihe moderner Novellen und Romane, die als Bände im Taschenformat und zum Preise von zwei Mark erschienen. Die hohen Auflagen, die erforderlich gewesen wären, um dieses Unternehmen rentabel zu machen, erzielte Fischer jedoch nicht. Den Grund hierfür kann man vermuten: es war offenbar daran gedacht, im Rahmen der ›Collection‹ vor allem neue Autoren einzuführen – so erschienen z. B. *Die vier Teufel* von Herman Bang und die *Friedemann*-Novellen des noch unbekannten Thomas Mann –, und diese inhaltliche Gestaltung hob den möglichen Effekt der Verbilligung auf. Denn die Kunden einer Bahnhofsbuchhandlung, die nach Reiselektüre suchen, sind zu Experimenten weit weniger geneigt als der kleine Kreis der erfahrenen Leser, die ohnehin die etablierten Buchhandlungen bevorzugen und die vom Preis in nur geringem Maße sich bestimmen lassen. Die Reihe wurde nach zehn Titeln eingestellt, der letzte erschien Ende 1898.

Fischers erstes Modell einer Taschenbuchreihe vollzog noch keinen radikalen Bruch mit traditioneller Preispolitik. Zwei Mark für einen Roman war ein verlockender Preis, aber durchaus noch kein Warenhauspreis, und ein Band der ›Collection‹ kostete noch immerhin das Zehnfache eines gewöhnlichen Kolportageromans. Aufschlußreich ist ein Vergleich mit der Reihe der ›Pantheon-Ausgaben‹, die Fischer 1901 ins Leben rief und die nach dem Muster der englischen Temple-Shakespeare-Edition anerkannt »klassische« Texte mit kompetenten Erläuterungen brachte: u. a. Goethes *Faust*, Heines *Buch der Lieder*, Lessings *Nathan der Weise* und Shakespeares *Hamlet*. Diese Reihe erschien in sehr unregelmäßiger Folge, dreißig Titel bis zum Ersten Weltkrieg und vereinzelte Titel noch bis 1944. Die Bände hatten ebenfalls Taschenformat, sie waren jedoch in Leder oder Leinen gebunden, die Texte in Antiqua gesetzt und auf bestes Papier gedruckt. Sie zielten, wie ein Prospekt erklärte, auf den »wirklichen Bücherliebhaber«, waren also keine Taschenbücher im heutigen Sinne, und kosteten dennoch nur zwei Mark fünfzig.

Seit der Begründung von Reclams ›Universal-Bibliothek‹ im Jahre 1867 waren noch mehrere andere Verlage mit volkstümlichen ›Bibliotheken‹ und ›Kollektionen‹ in Erscheinung getreten. Jedoch waren die meisten dieser Reihen mit Unterhaltungsliteratur verstopft und daher nicht geeignet, neue Leser an anspruchsvolle moderne Literatur heranzuführen. Als Fischer 1908 einen zweiten Versuch unternahm, eine billige Buchreihe durchzusetzen, ging er von der Überlegung aus, daß – neben dem zweifellos vorhandenen Bedürfnis nach Lesefutter – weite Kreise der Bevölkerung auch bereit seien, sprachliche und literarische Qualität zu goutieren, wenn nur die

Erscheinungs- und Verkaufsformen des Buchs modernisiert würden. Was Fischer im Sinn hatte, war ein »demokratischer Buchtypus«, der einerseits nicht zu aufwendig in der Ausstattung war, andererseits aber auch mehr als den nackten Text bot – kein Heft, sondern ein gebundenes Buch, dessen Leseeigenschaften (Schrift, Satzspiegel, Rand etc.) den teuren Ausgaben nicht nachstehen durften. Ein Kompromiß der Herstellung also, nicht der Qualität und nicht des Programms; denn möglichst viele Autoren Fischers sollten mit ausgewählten und ungekürzten Texten zu Wort kommen, dazu einige hochrangige, aber wenig gelesene Autoren anderer Verlage, deren Werk im Rahmen einer billigen Reihe auf breitere Popularität hoffen durfte.

Es gab mancherlei Einwände. Gut ausgestattete Bücher zum Preise von einer Mark waren selbstverständlich nur in hoher Auflage möglich; ließen sich tatsächlich so viele neue Leser werben? Der Buchhandel befürchtete, die billigen würden mit den teuren Ausgaben konkurrieren; wenn Fischer hauptsächlich nur solche Bücher verbilligte, die, wie er es formulierte, »ihren Umlaufkreis in der zahlungsfähigen Schicht vollendet haben«, würden dann nicht ihrerseits die Käufer die Verbilligung abwarten? Die Einschätzung des Verlegers erwies sich jedoch als richtig: die wohlhabenden Leser hielten sich keineswegs zurück, und der Verkaufserfolg der billigen Reihe deutete darauf hin, daß sie ein neues Potential von Lesern ansprach. Für den Handel hatte das Konsequenzen, die heute längst vertraut sind, die aber damals erst in Umrissen sichtbar wurden. Fischer beschrieb sie 1911 in seinem Aufsatz *Der Verleger und der Büchermarkt:*

Es handelt sich bei dem billigen Buch gar nicht um eine *Umgestaltung*, sondern um eine *Erweiterung* des Büchermarktes. Das billige Buch wird, wenn es die große Zukunft bekommt, die mir vorschwebt, das Sortiment auf eine breite und gesunde Basis stellen. Ein neuer großer Käuferkreis kann dem Buchhandel erschlossen werden. Heute ist es das billige Buch; aber morgen kann der Leser dieses Buches schon in die Reihe der verwöhnten Bücherkäufer einrücken, denn wer einmal Bücher in sein Haus geschafft hat, ist in die Kulturschicht der Bücherkäufer eingetreten.

›Fischers Bibliothek zeitgenössischer Romane‹ eröffnete im Oktober 1908 und brachte von nun an monatlich einen Titel mit einer Startauflage von mindestens 15000 Exemplaren. Auf broschierte Ausgaben wurde verzichtet; der Preis betrug einheitlich eine Mark für den

Pappband, eine Mark fünfundzwanzig für den Leinenband. Einheitlich waren auch der Umfang von 13 Bogen (= 208 Seiten) und das Taschenformat von 17,8 zu 12,5 cm. Die Bände waren numeriert, je zwölf Titel ergaben eine »Reihe«.
Diese Jahresreihen waren so zusammengestellt, daß immer einige erfolgversprechende Titel das wirtschaftliche Risiko der übrigen Bände ausglichen. Den tatsächlichen Gesamterfolg dieser Strategie dürfte jedoch auch der optimistische Fischer kaum erwartet haben; manche Bände setzten zu erstaunlichen Karrieren an. *Der kleine Herr Friedemann,* der sich im Rahmen der ›Collection‹ als nahezu unverkäuflich erwiesen hatte, wurde jetzt zu Zigtausenden verlangt. Ähnliches geschah mit Titeln von Bang, Strauß, Huch und Keyserling, deren Originalausgaben mangels Nachfrage nicht wiederaufgelegt worden waren. *L'Adultera,* als erster Band der ›Bibliothek‹ vorgelegt, machte den zehn Jahre zuvor verstorbenen Fontane vom berühmten zum endlich auch gelesenen Romancier. Fischer plazierte in den folgenden Reihen je einen weiteren Roman Fontanes, und er übernahm 1914 vom Verlag F. Fontane & Co. das gesamte Werk, das wiederum am Erfolg der billigen Ausgaben partizipierte – wie es Fischer in seinem Aufsatz von 1911 vorhergesagt hatte. Mitte der zwanziger Jahre waren von *L'Adultera, Frau Jenny Treibel, Cecile* und *Irrungen, Wirrungen* zusammen weit über eine halbe Million Exemplare verkauft – sensationelle Auflagen, die nur noch von den Südseebüchern des Dänen Laurids Bruun und den Unterhaltungsromanen Alice Berends übertroffen wurden. Hesses Erziehungsroman *Unterm Rad* begann 1909 einen neuen »Umlaufkreis« unter jungen Lesern, und zwei billige Novellenbände verbreiteten Schnitzlers Ruf als Erzähler (*Frau Berta Garlan* und *Die griechische Tänzerin*). Schwierige Werke wie D'Annunzios Romane *Lust* und *Feuer,* die beide zweibändig gedruckt werden mußten, wurden vom Erfolg der ›Bibliothek‹ mitgezogen.
Fischers neue Buchserie erlebte acht Jahrgänge, und sie wurde nach der Inflation in neuer Gestalt fortgesetzt. Es zeigte sich, daß mit der Auflösung des alten Ständestaats und seiner Bildungsschranken, mit der Tendenz zu Verstädterung und Massengesellschaft das Buch als Gebrauchsartikel rasch an Bedeutung gewann, und aus dieser Einsicht begründeten bald auch andere Verlage billige Reihen unterschiedlichen Niveaus. Anton Kippenberg versuchte es bereits 1907 mit ›Zwei-Mark-Bänden‹; fünf Jahre später erschienen die er-

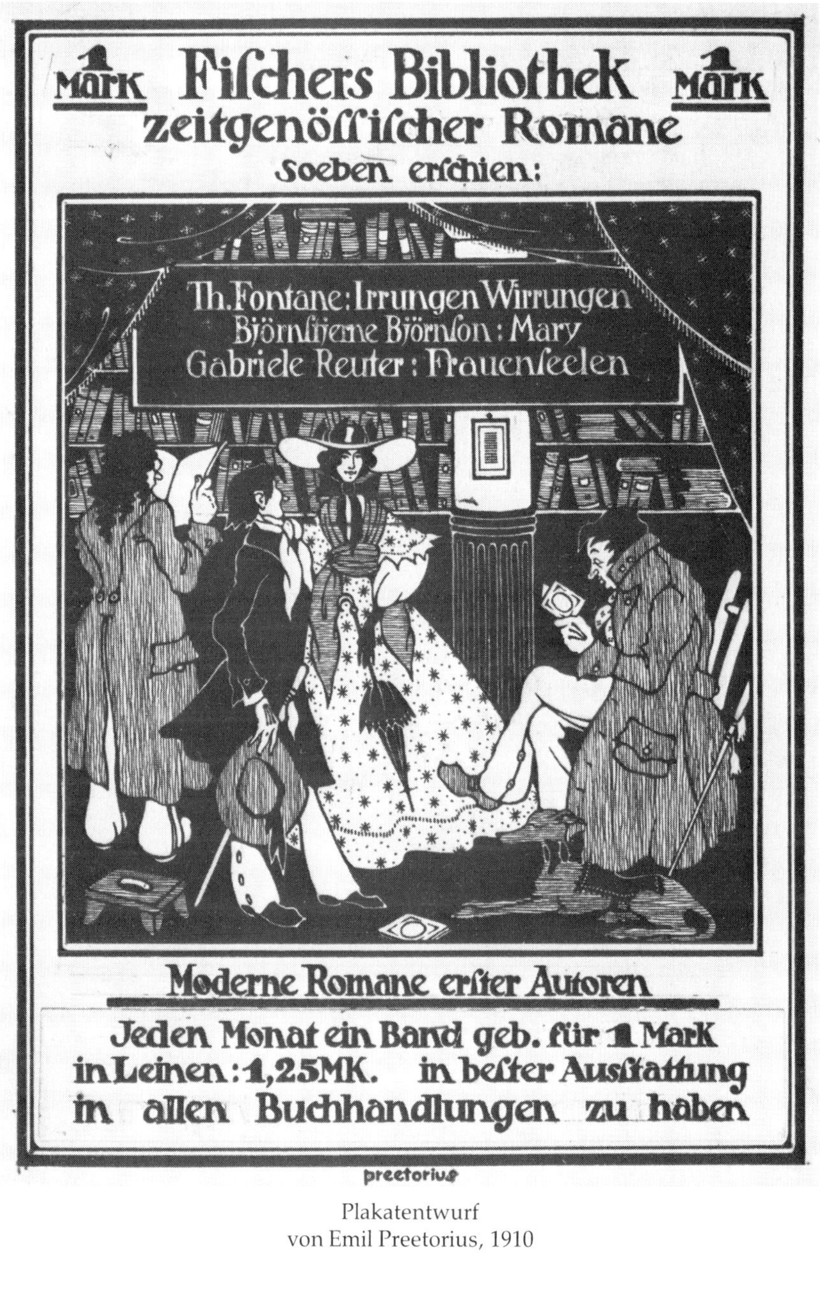

Plakatentwurf
von Emil Preetorius, 1910

sten Titel seiner sehr schön ausgestatteten ›Insel-Bücherei‹, die im Gegensatz zu Fischers Reihe auch lyrische und essayistische Werke brachte. Die ›Ullstein-Bücher‹ dagegen waren bereits industriell gefertigte Produkte, die sich ab 1910 mit einer aufwendigen und konsequent auf den Massengeschmack zielenden Werbung durchsetzten. Mit dieser finanzkräftigen Konkurrenz hatte Fischer erhebliche Schwierigkeiten; bis zum Ende seiner Laufbahn sträubte er sich, sein Produkt, das Buch, ausschließlich nach den aktuellen Erfordernissen des Marktes zu fertigen und zu vertreiben. Jedoch mochte er den Verlag vom »rein buchindustriellen Unternehmen« noch so dezidiert abgrenzen – die Tatsache war nicht zu leugnen, daß der Erfolg sowohl des trivialen Massenartikels wie der billigen, aber literarisch ambitionierten Buchreihe im Grunde dieselben sozialen Veränderungen zum Ausdruck brachte. Die Grenzen waren fließender, als Fischer sich eingestand: die Romane Bruuns hätten, wenn auch in weniger sorgfältiger Ausstattung, durchaus bei Ullstein erscheinen können; Ullstein seinerseits brauchte literarische Schmuckstükke, er druckte Maupassant und umwarb Hesse und Schnitzler.

Dem Funktions- und Bedeutungswandel des Buchs stand Fischer skeptisch, aber durchaus nicht konservativ gegenüber. Dem Bedürfnis nach modernen, an Problemen des zwanzigsten Jahrhunderts orientierten Literaturgenres kam er entgegen; so förderte er z. B. die neue Art von unterhaltender und zugleich aufklärender Reiseliteratur, die durch die Amerika-Bücher Arthur Holitschers repräsentiert wurde. Amerika war ein Zeitthema; die Zukunft der Alten Welt schien hier vorweggenommen, die sozialen Folgen von Technisierung und grenzenloser Kapitalanhäufung wurden sinnlich erfahrbar. Auch Bernhard Kellermann, Fischer-Autor seit 1906, hatte Amerika bereist und seine Eindrücke in einem utopischen Ingenieur-Roman verarbeitet, dessen technologische Konsequenz in der deutschen Literatur ohne Beispiel war. Fischer war sich des Erfolgs sicher; daß jedoch *Der Tunnel* von April bis Oktober 1913 einhunderttausendmal verkauft und in kürzester Zeit in vierundzwanzig Sprachen übersetzt würde, dies konnte niemand voraussehen. Was die Leser erregte, war nicht der »Plot«, nicht die Phantasie vom Tunnel, der die Kontinente verbindet; es war der neue Rang des Technischen überhaupt, die Faszination der Maschine, und es war, wie Fischer in einem Interview äußerte, die »Darstellung eines hinreißenden Lebenstempos«. Dieses Tempo war bereits die Signatur

BALUSCHEK
BERNHARD KELLERMANN
DER TUNNEL
ROMAN
S. FISCHER
VERLAG
BERLIN

eines neuen literarischen Stils, des Expressionismus, und es wurde vom Film als einem neuen, technischen Medium bis ins Rauschhafte gesteigert. Es lag darum nahe, die *Tunnel*-Idee zu verfilmen und damit Inhalt und Medium sinnfällig zur Deckung zu bringen. Bereits ein Jahr nach Erscheinen des Buchs lief der Film in den deutschen Kinos, und die Zuschauer sorgten ihrerseits für neue Auflagen.

Eine derartige Kooperation zweier Medien war etwas völlig Neues, die Konsequenzen waren noch unabsehbar. Um so überraschender, daß Fischer nicht nur zustimmend reagierte, sondern sogar selbst in das neue Geschäft eingriff. Während Heimann gegen die Verdummung durch den Stummfilm protestierte, den er ein »Schauspiel für Taubstumme« nannte, beteiligte sich Fischer an einer Filmgesellschaft, gliederte seiner Theaterabteilung einen Filmvertrieb an und schlug sogar vor, Schnitzler und Hauptmann sollten unmittelbar für den Film schreiben – ein geradezu stürmisches Vorgehen, wenn man bedenkt, daß die Voraussetzungen für adäquate Literaturverfilmungen damals noch längst nicht gegeben waren. Die Argumente Heimanns, der sich derartige Verfilmungen nur als Verstümmelungen denken konnte, hatten durchaus Gewicht und haben es noch heute. Man mußte befürchten, daß die starken Sinnesreize des Kinos die Menschen für das subtilere Vergnügen des Lesens unempfänglich machen würden, daß also der Literatur ein übermächtiger Gegner erwuchs, der ihr hohes kulturelles Prestige fortschreitend unterhöhlte. Fischers Engagement für den Film ist darum – neben seiner Verteidigung der billigen Buchreihe – das vielleicht erstaunlichste Zeugnis für seine Auffassung von »Modernität« und von der kulturellen Funktion des Buchs. Er näherte sich damit sogar der Haltung der Expressionisten, die mit dem »Kinodrama« eine neue literarische Gattung schufen.

In den letzten Vorkriegsjahren erreichte der S. Fischer Verlag eine maximale Ausdehnung der Produktion; die Zahl der pro Jahr neu aufgenommenen Titel steigerte sich auf etwa fünfzig, und diese Quote wurde dann auch in den zwanziger Jahren nicht überschritten. Der von Heimann geplante und redigierte Katalog *Das XXVte Jahr*, der anläßlich des Verlagsjubiläums im Herbst 1911 erschien, war ein repräsentables, 400 Seiten starkes Werk, das die gesamte, für den einzelnen Leser kaum mehr überschaubare Produktion vorstellte: 124 Autoren waren darin vertreten, davon 69 mit Originalbeiträgen; allein die Verlagsbibliografie umfaßte fünfzig Druckseiten. Dieses Jahrbuch, das auf werbende Kommentare gänzlich verzichtete, fand reißenden Absatz und trug zu einer erheblichen Popularisierung des Verlags bei. Fischer nutzte diesen Effekt und brachte in den folgenden beiden Jahren ähnlich gestaltete Kataloge. Nach Krieg und Inflation wurde diese Reihe mit dem *Almanach 1925* fortgesetzt, sie erschien noch weitere dreizehn Jahre und überdauerte sogar die Spaltung des Verlags.

Inhaltlich hatten die etablierten Autoren, die mit Fischer seit langem verbunden waren, noch immer ein deutliches Übergewicht. Allein im Jahre 1912 waren sie mit drei neuen Gesamtausgaben präsent: zusammengestellt wurden Nansens *Ausgewählte Werke in drei Bänden*; es erschien die sechsbändige Volksausgabe der Werke Hauptmanns, der in diesem Jahr als erster Fischer-Autor mit dem Nobelpreis ausgezeichnet wurde; und schließlich, als umfangreichstes Projekt, Arthur Schnitzlers *Gesammelte Werke,* die drei Bände erzählende Schriften und vier Bände Theaterstücke umfaßten – übrigens noch immer unter Ausschluß des *Reigen,* der in Österreich längst gedruckt war und hier die höchste Auflage eines Einzelwerks von Schnitzler überhaupt erreichte, der jedoch in Deutschland mit Beschlagnahme bedroht war.

Fischer blieb der Wiener Literatur verbunden; die Wiener Autoren blieben ihrerseits angewiesen auf das entwickeltere deutsche Buchwesen, denn ein bedeutender belletristischer Verlag existierte in Österreich noch immer nicht. Hofmannsthal publizierte bei mehreren deutschen Verlagen; bei Fischer erzielte er mit *Jedermann* seinen größten Erfolg, das Werk wurde 1911 unter der Regie von Max Reinhardt uraufgeführt und eröffnete nach dem Krieg die Salzburger Festspiele. Daß auch Altenberg weiter in Berlin erschien, war fast ein Kuriosum; selbst während des Krieges veränderte seine Kurzprosa ihre urwienerische Färbung nicht, und der 1925 von Alfred Polgar herausgegebene Nachlaßband war der Nachhall einer versunkenen urbanen Kultur. Schließlich ist an Hermann Bahr zu erinnern, der Fischers Verlagsprofil in viel stärkerem Maße mitbestimmt hatte, als die kanonisierte Literaturgeschichte dies heute vermuten läßt. Bahr schrieb zeitlebens rasch und viel, er schrieb für den Tag. Bis 1913 hatte er insgesamt neunundsechzig Bücher veröffentlicht, davon sechsunddreißig bei Fischer – eine geradezu wilde Produktivität, die sich in sämtlichen Genres versuchte, von der Komödie bis zum Essay. Unter diesen Umständen war an eine Gesamtausgabe selbstverständlich nicht zu denken; aus Anlaß des fünfzigsten Geburtstags brachte Fischer statt dessen eine Bahr-Monografie sowie *Das Hermann-Bahr-Buch*, eine Sammlung seiner besten Prosaschriften. Beides zusammen konnte vor allem den jüngeren Lesern, denen die Stilkämpfe der neunziger Jahre nicht gegenwärtig waren, einen Begriff geben von dem erheblichen Einfluß, den »der Mann von Übermorgen« auf den Gang der deutschen und österreichischen Literatur ausgeübt hatte.

In den Jahren ab 1911 wurde die bürgerliche Kultur Deutschlands von einer Revolte erschüttert, die bald unter dem Titel ›Expressionismus‹ auf sämtliche Künste übergriff. Es bildeten sich Gruppierungen expressionistischer Maler, Grafiker, Dramatiker, Lyriker; neue Zeitschriften und Verlage wurden gegründet, eine öffentliche Polemik wurde entfacht, die an den versteinerten wilhelminischen Verhältnissen rüttelte. Dem Werteverfall und dem vor allem in den Großstädten fühlbaren Orientierungsverlust wurde mit einem neuen Pathos der Brüderlichkeit begegnet, die sich, je aggressiver die

europäischen Nationalismen wurden, immer deutlicher politisch und oppositionell definierte.
In Fischers Programm war diese neue Bewegung lediglich mit einigen Stücken Georg Kaisers, dem *Bettler* von Reinhard Johannes Sorge und einem Gedichtband von Max Herrmann-Neisse vertreten; später folgten noch Gedichte und die *Zaubermärchen* von Albert Ehrenstein. Die Gründe für diese Zurückhaltung sind nicht dokumentiert; gegen ein stärkeres Engagement sprachen aber sicherlich Fischers Vorstellungen von Klassizität, seine Skepsis gegenüber ästhetischen Programmen, der politische Konservatismus einiger Stammautoren (Thomas Mann, Hauptmann), nicht zuletzt auch die heftige Konkurrenz junger Unternehmen, vor allem des Kurt Wolff Verlags, in denen die expressionistischen Autoren auf Gleichgesinnte, auf eine expressionistische »Szene« trafen. Der seit langem wahrnehmbaren Politisierung der kulturellen Sphäre konnte sich jedoch auch Fischer nicht verschließen, und dies kam in zwei richtungsweisenden Entscheidungen zum Ausdruck. Zum einen erschien mit Walther Rathenau erstmals ein rein politischer Schriftsteller im Programm; ein Essay-Band *Zur Kritik der Zeit* (1912) eröffnete ein umfangreiches Werk, das während des Krieges in dichter Folge publiziert wurde. Die zweite Entscheidung – weniger auffällig, aber symptomatisch – war die Aufnahme des Staatswissenschaftlers Samuel Saenger in die Redaktion der ›Neuen Rundschau‹. Bereits ab 1908 setzte die Zeitschrift deutlicher soziologische Akzente, jedes Heft eröffnete von nun an mit einem politisch-sozialen Essay. Auch der Erzähler Otto Flake, der von 1912 an für zwei Jahrzehnte mit dem Verlag eng verbunden blieb, veröffentlichte in der ›Neuen Rundschau‹ zahlreiche politische Aufsätze.
Ein neuer, nicht plaudernder, sondern nüchtern zupackender Stil des Essays verjüngte das Erscheinungsbild der Zeitschrift. Fischer forcierte diese Entwicklung Anfang 1914, indem er Robert Musil als Mitarbeiter verpflichtete. Musil sollte offenbar dafür sorgen, daß der jüngsten Literatur, der sogenannten ›Ultra-Jugend‹, nun doch etwas mehr Aufmerksamkeit zuteil wurde. Es war sogar geplant, dieser Literatur ein eigenes Forum zu schaffen, eine Zeitschrift oder eine Beilage, die dann Musil eigenverantwortlich redigiert hätte. Dazu kam es jedoch nicht. Bei Kriegsausbruch mußte Musil nach Österreich zurückkehren, die Verbindungen zur ›Neuen Rundschau‹ und zum Verlag wurden unterbrochen – und damit kam Fi-

Samuel Fischer, 1911

Hedwig Fischer, 1909

scher um einen der bedeutendsten Autoren des Jahrhunderts. Noch 1914 übernahm er Musils Frühwerk, *Die Verwirrungen des Zöglings Törleß* und *Vereinigungen;* das große Romanwerk jedoch, *Der Mann ohne Eigenschaften,* wurde später vom Rowohlt Verlag betreut.

Ansätze der Erneuerung gab es also durchaus, aber sie kamen zu spät, um vor dem Kriege an neuesten literarischen Strömungen noch entscheidend teilhaben zu können. Fischer war etabliert, er war endgültig nicht mehr der Verleger der Avantgarde; nun galt es, Ausschau zu halten nach Autoren, die langfristig die neuen ästhetischen Möglichkeiten in literarische Qualität umzusetzen vermochten. Am 1. November 1913 notierte der Dichter Oskar Loerke, der spätere Lektor Fischers und Nachfolger Heimanns, in sein Tagebuch: »Ich lese Publikationen des Verlages Kurt Wolff. Neue Namen, neues Können, wir müssen uns sehr anstrengen, um nicht in die Ecke zu fliegen.«

1914–1918
Der Verlag im Krieg

Als in den ersten Augusttagen des Jahres 1914 eine Serie von Kriegserklärungen die wichtigsten europäischen Grenzen in Fronten verwandelte, war der Begriff des »Weltkriegs« noch nicht geläufig. Schon nach wenigen Wochen wurde jedoch deutlich, daß sich hier ein geschichtliches Ereignis von bisher ungekannter äußerer Dimension anbahnte, das die politische Struktur Europas gänzlich umwälzen würde – ein Ereignis, das tief in das wirtschaftliche, soziale und kulturelle Leben des einzelnen eingriff. Die Balkankriege der Jahre 1912/13 hatte man noch, trotz ihrer bedrohlichen geografischen Nähe, als militärische Abenteuer in der Zeitung verfolgt. Der Weltkrieg dagegen duldete keine Beobachter mehr, er betraf die Bevölkerung, er betraf unmittelbar auch die, die zu Hause blieben.
Die äußeren Auswirkungen des Krieges auf den S. Fischer Verlag lassen – wie der Krieg selbst – drei deutlich unterschiedene Phasen erkennen. Die erste und unmittelbarste Folge war der Abbruch der Auslandsbeziehungen. Geschäftliche Kontakte zu Verlagen in England und Frankreich konnten noch eine Zeitlang über das neutrale Kopenhagen abgewickelt werden; eine Teilhabe an kulturellen Entwicklungen in jenen Ländern war jedoch nicht mehr möglich, und auch die internationale Rezeption der deutschsprachigen Literatur blieb nun für lange Jahre außer Sichtweite. Die Bücher- und Zeitschriftenströme versiegten, plötzlich waren Deutschland und Österreich kulturell isoliert. Gleichzeitig schwand das öffentliche Interesse an allem, was nicht in unmittelbarem Zusammenhang mit dem Kriegsgeschehen stand; die Verkaufsziffern belletristischer Werke gingen drastisch zurück. Unter diesen Bedingungen war Fischer gezwungen, die Produktion zunächst zu drosseln. Mehrere der für Ende 1914 vorgesehenen Publikationen wurden verschoben, Neuauflagen entfielen, und noch im April 1915 druckte er »nur das Notwendigste«. Fischer war apolitisch; er hoffte, wie die mei-

sten seiner Autoren, auf einen deutschen Sieg, und er ließ sich beeinflussen von der allgemeinen Erwartung eines baldigen Kriegsendes. Jedoch war schon seit November 1914 die Rede vom »Stellungskrieg« an der Westfront, und dieser neue, unheimliche Begriff kühlte die nationale Euphorie bedeutend ab. Die zweite Phase des Krieges begann; es galt nun, den Verlag langfristig auf die Bedingungen des Krieges einzustellen.
Von den insgesamt 176 Titeln, die zwischen 1915 und 1918 erschienen, hat man ein knappes Drittel zur eigentlichen Kriegsliteratur zu zählen. Dabei handelte es sich vorwiegend um Schilderungen des Kriegsgeschehens aus subjektiver Sicht, um Kriegsberichte und Kriegstagebücher also, die Autoren wie Kellermann, Jacques und Madelung dem Verlag zusandten. Dazu traten national gefärbte, essayistische Schriften wie etwa die *Gedanken zur deutschen Sendung* des Soziologen Alfred Weber und Thomas Manns Rechtfertigungsschrift *Friedrich und die große Koalition.* Ein bedeutender Teil dieser politischen Texte erschien in der im Dezember 1914 begründeten ›Sammlung von Schriften zur Zeitgeschichte‹, eine Reihe schmaler, billiger Bände von meist geringer Auflage. Diese Sammlung diente u. a. dazu, die wichtigsten politischen Aufsätze der *Neuen Rund-*

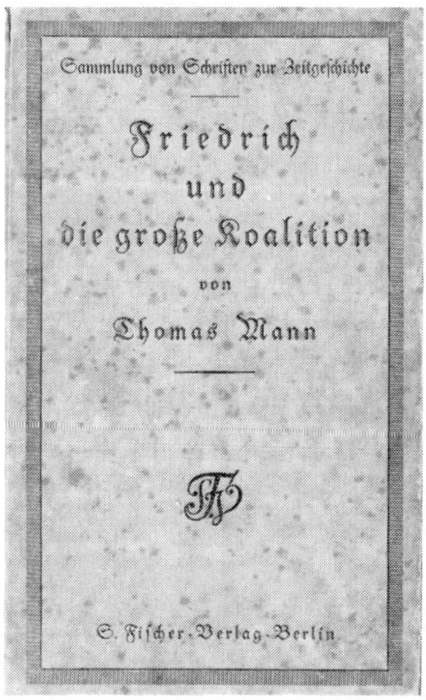

schau zusammenzufassen und damit der Zeitschrift, die durch die Schließung der Grenzen ein Drittel ihrer Abonnenten verloren hatte, zu größerer Wirkung zu verhelfen.
Der Anteil der Kriegstitel an der gesamten Produktion Fischers nahm während des Krieges ständig ab – die ›Sammlung‹ wurde bereits 1917 eingestellt –, und darin spiegelte sich zweifellos auch ein Wandel der kulturellen und emotionalen Bedürfnisse der Leser.

Walther Rathenau, 1920

Während der Absatz von Literatur sich im Laufe des Jahres 1915 wieder normalisierte und wegen der zahlreichen Büchersendungen an die Front im folgenden sogar steigerte, wich die Neugierde auf die sensationellen Aspekte des Kampfgeschehens rasch. Mit der grausigen Veralltäglichung und Technisierung des Krieges verlor sich auch das Interesse an nationaler Erbauungsliteratur, deren absurde Unzeitgemäßheit nun immer deutlicher zutage trat. Wer nach Orientierung suchte, wandte sich der nüchternen Analyse zu: die zahlreichen Schriften Rathenaus, die Fischer ab 1916 druckte (fünfzehn Titel innerhalb von fünf Jahren, u. a. *Deutschlands Rohstoffversorgung, Probleme der Friedenswirtschaft, Von kommenden Dingen, An Deutschlands Jugend*) fanden eine breite Leserschaft, und noch Ende

1917 faßte Fischer das Werk Rathenaus in einer fünfbändigen Ausgabe *Gesammelte Schriften* zusammen.

Zu diesem Zeitpunkt war der Krieg bereits in seine dritte und letzte Phase eingetreten, wachsende Versorgungsschwierigkeiten forderten immer drastischere Beschränkungen des Konsums. Fischer hatte mit Papierknappheit zu kämpfen, und die Veranstaltung einer Gesamtausgabe auf holzigem »Kriegspapier« bedeutete ein Privileg, das außer Rathenau nur noch zwei weiteren, dem Verlag seit langem verbundenen Autoren zukam: 1917 erschienen Alfred Kerrs Theaterschriften in fünf Bänden (1920 folgten zwei Bände Reiseskizzen, das Ganze erhielt den Obertitel *Gesammelte Schriften in zwei Reihen*); und wenige Wochen vor Kriegsende brachte Fischer, unter bereits chaotischen Umständen der Herstellung, drei Bände *Prosaische Schriften* seines Lektors Moritz Heimann.

Noch immer zählt es zu den erstaunlichsten sozialen Phänomenen dieses Jahrhunderts, daß die Entfesselung des Krieges von der überwältigenden Mehrheit des deutschen Bürgertums als Erlösung begrüßt wurde. Das Wort Oscar Bies: »Die große Reinigung komme über uns«, darf als repräsentativ gelten für eine Haltung, die den Individualismus im Sozialen und die Wirklichkeitsferne der kulturellen Sphäre durch das Erlebnis des Kampfes zu überwinden hoffte. Der Krieg wurde begrüßt als sittliche Erneuerung, als Initiator einer neuen Volksgemeinschaft – in dieser Erwartung waren sich Bie, Heimann und Saenger mit nahezu sämtlichen Autoren des Verlags einig, und die individuell unterschiedlichen Reaktionen deuteten lediglich auf ein verschieden ausgeprägtes Bedürfnis, den momentanen Enthusiasmus rational zu rechtfertigen. Dehmel und Kerr glaubten Deutschland angegriffen und meldeten sich freiwillig. Alfred Döblin wetterte in der ›Neuen Rundschau‹ gegen England, Gerhart Hauptmann in der ›Vossischen Zeitung‹ gegen das neutrale Belgien. Selbst der skeptische Musil fühlte sich belebt von dem »kriegerischen und erobernden Geist«, »den wir heute in seiner Urart verwundert und beglückt in uns und um uns fühlen« – so zu lesen in seinem Essay *Europäertum, Krieg, Deutschtum* in der ›Neuen Rundschau‹ vom September 1914.

Die unumgängliche Beschäftigung mit Fragen der Politik beeinträchtigte das literarische Schaffen fast aller etablierter Autoren. Die spektakulärste Wandlung vollzog zweifellos Thomas Mann, der in mehreren zeitpolitischen Texten – darunter der *Friedrich*-Essay – die

Kriegführung Deutschlands guthieß und sie in scharfer Polemik als Überlebenskampf deutscher Kultur gegen westliche Zivilisation rechtfertigte. Im Sommer 1915 arbeitete er wieder am *Zauberberg*, aber bereits im November sah er sich genötigt, mit dem Sinn des Krieges, der vom Ereignis inzwischen zum allgegenwärtigen Zustand geronnen war, sich neuerlich auseinanderzusetzen. Die *Betrachtungen eines Unpolitischen*, ursprünglich als Aufsatz geplant, wuchsen sich zu einer »General-Revision meiner geistigen und sittlichen Grundlagen« aus, der sich Thomas Mann über zwei Jahre lang fast ausschließlich widmete. Der auf mehr als 600 Druckseiten angeschwollene Essay, der auch eine Abrechnung mit der demokratisch-pazifistischen Haltung des Bruders Heinrich enthält, erschien schließlich im Oktober 1918 – drei Wochen vor Ausrufung der deutschen Republik und damit zum denkbar ungünstigsten Zeitpunkt. Trotzdem war die erste Auflage rasch vergriffen; 1920 war bereits das 18. Tausend im Handel. Von den Strapazen dieser »aufgehäuften Grübelei« erholte sich Thomas Mann über den Idyllen *Herr und Hund* und *Gesang vom Kindchen*, die Fischer zum Weihnachtsfest 1919 brachte.

Um die Stammautoren des Verlags wurde es stiller. Hofmannsthal hielt während des Krieges zahlreiche kulturpolitische Vorträge, er vollendete seine Oper *Die Frau ohne Schatten*; bei S. Fischer publizierte er jedoch nichts. Von Gerhart Hauptmann erschienen lediglich zwei kleinere Werke, das Schauspiel *Winterballade* und die überaus erfolgreiche Novelle *Der Ketzer von Soana* (1918); alle übrigen während des Krieges enstandenen Arbeiten – u. a. ein Roman und zwei weitere Dramen – blieben in der Schublade bis Anfang der zwanziger Jahre. Jakob Wassermann feierte seinen größten Erfolg im Jahre 1915: *Das Gänsemännchen* wurde innerhalb von drei Jahren 60000mal verkauft, und Fischer brachte noch eigens eine ›Feldausgabe‹ als Pappband zum halben Preis. Diesen Roman hatte Wassermann allerdings schon im Juli 1914 abgeschlossen – wenige Tage vor Anbruch der »großen Zeit«. Als originärer Kriegstitel folgten noch *Deutsche Charaktere und Begebenheiten*, dann bis Kriegsende nichts mehr. Der 900 Druckseiten starke Roman *Christian Wahnschaffe* ging wegen Papiermangels erst 1919 in Druck.

Zu den wenigen, die sich nicht von patriotischer Euphorie aus der Bahn werfen ließen, gehörte Arthur Schnitzler. Die militärischen Erfolge der Mittelmächte beeindruckten auch ihn – in einem Brief an Fischer verteidigte er sogar die österreichische Administration gegen den Vorwurf der Schlamperei –, aber zu »dieser überwältigend grauenhaften Epoche« mochte er sich öffentlich nicht äußern, und die nachgelassenen Aphorismen und Betrachtungen belegen seine aufklärerische und durchaus pazifistische Haltung. Trotz seines Versuchs, innere Distanz zu den Ereignissen zu halten, erscheint Schnitzlers Lust an der literarischen Produktion während der Kriegsjahre deutlich gedämpft (*Komödie der Worte*, 1915; *Doktor Gräsler, Badearzt; Fink und Fliederbusch*, 1917). Eine gewisse Resignation stellte sich ein, wohl auch ein Gefühl der Entfremdung gegenüber neuesten Tendenzen der deutschen Literatur. Die außerordentliche Novelle *Casanovas Heimfahrt*, die bei Kriegsende ausgeliefert wurde, bewies jedoch, daß der 56jährige zu einer eleganten und atmosphärisch dichten Prosa noch durchaus imstande war – während um ihn her die so unkriegerische Wiener Kultur, als deren Repräsentant er zu Ruhm gelangt war, versank.

Auch von Hermann Hesse schließlich konnte der Verlag nur wenig Neues ankündigen: während des Krieges erschienen lediglich die *Knulp*-Geschichten und ein schmaler Band mit zwei Erzählungen.

Von den berühmten Fischer-Autoren war Hesse der einzige, der den Krieg von Anbeginn ablehnte, und zwar weniger aus politischen als aus ethischen Beweggründen. Im November 1914 veröffentlichte er einen Aufsatz in der ›Neuen Zürcher Zeitung‹, der mit ganz unpolemischen Wendungen die deutschen Intellektuellen zu »Mäßigung, Anstand, Menschenliebe« aufrief. *O Freunde, nicht diese Töne* – so der Titel – wurde jedoch in Deutschland fast ausschließlich mit Hohn und Beschimpfung bedacht, sogar alte Freunde wandten sich von dem »Verräter« ab. Neben diese deprimierende Erfahrung traten noch schwere private Konflikte, schließlich die jahrelange aufreibende Tätigkeit für die ›Deutsche Kriegsgefangenenfürsorge‹ und eine umfangreiche zeitkritische Publizistik. Erst im Herbst 1917 fand Hesse wieder die Muße zu einer längeren Prosaarbeit, die er jedoch nicht unter eigenem Namen, sondern als angebliches Vermächtnis eines todkranken Freundes an Fischer sandte. *Demian. Die Geschichte einer Jugend* erschien im Juni 1919 unter dem Pseudonym Emil Sinclair, ohne daß der Lektor – damals bereits Oskar Loerke – oder Fischer selbst in den wahren Sachverhalt eingeweiht gewesen wären. Man darf vermuten, daß sich Hesse mit einem derart bekenntnishaften Text in Deutschland nicht mehr exponieren wollte.

Aber die große Bewegung, die das Buch bei Publikum und Kritik auslöste, förderte natürlich auch die Neugierde auf den nicht existierenden Sinclair – dem sogar, über seinen Treuhänder Hesse, der Fontane-Preis verliehen wurde. 1920 endlich gestand Hesse seine Autorschaft ein, der Roman hieß jetzt *Demian. Die Geschichte von Emil Sinclairs Jugend* und avancierte zu Hesses bis dahin erfolgreichster und wirksamster Dichtung. Die Befindlichkeit einer deutschen ›lost generation‹, die hier mit ebenso analytischer wie symbolischer Kraft entfaltet wurde, traf, wie Thomas Mann später urteilte, »mit unheimlicher Genauigkeit den Nerv der Zeit«.

Jene Kriegsjahre gehören zu einer Literaturepoche, die man gemeinhin das »Jahrzehnt des Expressionismus« nennt, die jedoch aus heutiger Sicht eher als Durchbruchsphase einer »sachlichen« Literatur zu charakterisieren wäre. Dies wird deutlich auch an den Akzentverschiebungen, die sich damals – freilich mitverursacht durch die Zurückhaltung der Stammautoren – im literarischen Erscheinungsbild des S. Fischer Verlags bemerkbar machten. Der eigentliche, programmatisch fundierte Expressionismus gewann für Fischer insofern an Bedeutung, als er eine Vielzahl junger Talente zeitweilig anzog, und kein Verlag, wollte er am Prozeß der literarischen Moderne irgend teilhaben, konnte dies gänzlich ignorieren. Georg Kaiser, Reinhard Johannes Sorge, Paul Kornfeld, Reinhard Goering und Alfred Wolfenstein publizierten während des Krieges beim S. Fischer Verlag und trugen damit wesentlich zu einer Verjüngung von dessen literarischem Profil bei. Die Mehrzahl der expressionistischen Autoren fand jedoch auch weiterhin im Kurt Wolff Verlag das ihnen gemäße Medium, und damit wurde die Konkurrenz dieses jungen, recht dynamisch und mit modernen Werbemitteln agierenden Unternehmens immer fühlbarer. Hinzu kam, daß die intelligente und aggressive Publizistik der Expressionisten die etablierten literarischen Zirkel aufstörte. Zum Hause Fischer bestand zwar keine grundsätzliche Gegnerschaft – die expressionistische Wochenschrift ›Die Aktion‹ brachte im Juli 1914 sogar ein Heft, das ausschließlich S. Fischer gewidmet war –, doch die Gründung so bedeutender neuer Organe wie z. B. ›Die weißen Blätter‹ (die von Wolff vertrieben wurden) zwang auch die Redaktion der ›Neuen Rundschau‹ zu neuer Anspannung und zum Überdenken eingefahrener ästhetischer Gewohnheiten.

Über die Mitarbeit an der ›Neuen Rundschau‹ gewann der Verlag zwei Autoren, deren Diktion zwar gleichfalls expressionistische Einflüsse erkennen ließ, die aber schließlich einen weltoffenen und sachlichen Stil entwickelten, der bereits auf die ästhetische Grundstimmung der Nachkriegszeit vorauswies: Otto Flake und Alfred Döblin. Der Elsässer Flake debütierte bei Fischer mit dem Roman *Freitagskind* (1913) und kam drei Jahre später mit *Horns Ring* zu erstem Erfolg. Mehrere Sammlungen von Essays und Prosaskizzen schlossen sich an (u. a. *Das Logbuch*, 1917), deren Auflagen kaum hinter denen von Rathenaus Schriften zurückblieben und die kühl und eindringlich die deutschen Zustände analysierten – Tucholsky wertete Flake als den neben Heinrich Mann bedeutendsten deutschen Essayisten. Das reiche Romanwerk der zwanziger Jahre wies Flake überdies als einen der produktivsten Autoren Fischers aus.

Otto Flake

Der breit angelegte, fünfbändige *Ruland*-Zyklus, der ab 1922 erschien, beerbte die realistische Erzähltradition Frankreichs und befestigte damit Flakes Sonderstellung innerhalb der deutschen Literatur. Das *Freitagskind* wurde übrigens von Flake so überarbeitet, daß es 1928 als erster Band und unter dem neuen Titel *Eine Kindheit* dem Entwicklungsroman um Ruland integriert werden konnte – ein überraschender Einfall.

Alfred Döblin. Gemälde von Rudolf Schlichter

Weniger gelassen als Flake, dafür intensiver, sogar schrill meldete sich Alfred Döblin zu Wort, Nervenarzt und selbstbewußtes Enfant terrible der Berliner Literaturszene. Döblin hatte gemeinsam mit Herwarth Walden die expressionistische Zeitschrift ›Der Sturm‹ begründet; dort veröffentlichte er 1913 ein ästhetisches Programm, das weit über die neue Bewegung hinauswies. »Los vom Menschen!« lautete die Parole, »Mut zur kinetischen Phantasie und zum Erkennen der unglaublichen realen Konturen! Tatsachenphantasie!« Der neue Realismus, der sich hier noch ein wenig skurril ankündigte, war ein Experiment, an dem sich Döblin bereits seit 1912 versuchte: er schrieb *Die drei Sprünge des Wang-lun,* und es ist verlagsgeschichtlich recht bedeutsam, daß Kurt Wolff diesen Roman ablehnte, Fischer jedoch sofort zugriff, obgleich mit einem derart avantgardistischen Titel ein großes Geschäft gewiß nicht zu erwarten stand. Bürger- und Künstlerromane, alles Innerliche und Psychologische lehnte Döblin scharf ab, und er nahm sich infolgedessen fast exotisch aus in einem Verlag, dessen literarisches Programm doch überwiegend unter eben jene Kategorien fiel. Obwohl Döblin mit anderen Autoren Fischers entsprechend ins Gericht

ging, wurde die Zusammenarbeit fortgesetzt und überdauerte manchen Konflikt. Dem »chinesischen Roman«, der Ende 1915 erschien, folgten der Novellenband *Die Labensteiner reisen nach Böhmen* (1917), die Romane *Wadzeks Kampf mit der Dampfturbine* (1918) und *Der schwarze Vorhang* (1919), schließlich das umfangreiche, unter abenteuerlichen Umständen in einem Lazarett entstandene *Wallenstein*-Epos. Auch dieses Werk kam, wie die vorigen, über zufriedenstellende Auflagen nicht hinaus; aufgrund seiner sprachlichen Intensität und seiner kompromißlosen Umsetzung auch chaotischer, »sinnloser« historischer Ereignisse hat es jedoch die gesamte historisierende Literatur erheblich beeinflußt. *Wallenstein* beschreibt den Dreißigjährigen Krieg aus der Perspektive des Krieges, mithin als geschichtlichen Normalzustand; begreiflich, daß Döblins Arbeit, deren Lektüre schwierig und passagenweise quälend ist, im Jahre 1920 die kriegsmüden Leser nicht zu begeistern vermochte. Dieses Buch, erklärte der Autor, enthalte »etwas von der furchtbaren Luft«, in der es entstanden sei.

Bereits im Winter 1916/17 machten sich die materiellen und ökonomischen Folgen des Krieges auch im deutschen Buch- und Verlags-

wesen bemerkbar. Die von nun an ständig wachsenden Schwierigkeiten zwangen die Verlage zu Einschränkungen der Produktion und zu recht kurzfristigen Kalkulationen. Den unvorhergesehenen Erfolg eines Buchs konnte dessen Verleger häufig gar nicht ausnutzen, da wegen der Rationierung aller Rohstoffe die notwendigen Papiermengen nicht rechtzeitig zu beschaffen waren – so hatte z. B. Fischer erhebliche Mühe, die Nachfrage vor allem junger Leser nach Hauptmanns *Ketzer*-Novelle zu befriedigen. Andere Projekte gerieten ins Ungewisse: die für Herbst 1917 geplante zweibändige Gesamtausgabe des in Rumänien gefallenen Gustav Sack war während des Krieges überhaupt nicht zu realisieren und erschien erst 1920. Ähnlich wäre es Thomas Manns umfänglichen *Betrachtungen* ergangen, hätte sich der Autor nicht selbst um eine Sonderzuteilung von Papier bemüht, und auch Hauptmann nutzte persönliche Beziehungen, um den Nachdruck seiner Gesamtausgabe zu sichern. Wie es Fischer unter diesen Umständen gelang, Hermann Stehrs tausendseitigen *Heiligenhof* im Oktober 1918 in einer Erstauflage von 10000 Exemplaren auszuliefern, ist kaum begreiflich. Er begründete in diesem letzten Kriegsmonat eine Zweigstelle in Wien, um an die reichlicher bemessenen österreichischen Papiervorräte zu gelangen. Aber von entscheidender Wirkung war diese Notmaßnahme nicht, denn bereits Ende Oktober wurde durch den Umsturz in Österreich die Verbindung nach Deutschland unterbrochen, und die politisch instabile Situation in beiden Staaten zwang noch monatelang zu Improvisationen.
Zu den Problemen der Materialknappheit trat die Sorge um qualifizierte Fachkräfte: Setzer, Drucker und Buchbinder wurden massenhaft der Arbeitswelt entrissen und an die Front geschickt, eine termingerechte Auslieferung von Druckerzeugnissen konnte niemand mehr gewährleisten. Selbstverständlich gerieten dadurch auch die Buchpreise in Bewegung, der Buchhandel verlangte Teuerungszuschläge, und dieser ökonomische Druck verschärfte seinerseits die Konkurrenz der Verlage. Dafür war nun Fischer schlecht gerüstet. Die Kapitalbasis des Verlags war schmal, und ein großes Unternehmen wie z. B. Ullstein, das über eigene Druckereien verfügte, vermochte sich sehr viel flexibler den neuen Belastungen anzupassen. Gegenüber dem Kurt Wolff Verlag hatte Fischer wiederum den Nachteil, zahlreiche ältere Titel und Gesamtausgaben ständig nachdrucken zu müssen, und die dadurch erforderten Papiermengen

schränkten den Handlungsspielraum in bezug auf Neuerscheinungen immer mehr ein. Als 1917 Fischer an Wolff den Vorschlag richtete, die beiden Verlage zu fusionieren, um ihre Position gegenüber Ullstein zu stärken, lehnte der jüngere Verleger ab: der Umfang von Fischers Produktion und die damit einhergehenden Verpflichtungen gegenüber den Autoren dürften Wolff als gefährlicher Ballast erschienen sein, den mit zu übernehmen er keinen Grund sah. Vier Jahre später, in wirtschaftlich noch immer bedrängter Lage, kam es erneut zu Fusionsverhandlungen, die diesmal bis zur Formulierung der Verträge vorankamen. Im letzten Augenblick jedoch verhinderte Fischer den Zusammenschluß – recht bedauerlich, daß die Beweggründe für diese abrupte Umkehr nicht dokumentiert sind.

Oskar Loerke, um 1930

Es war jedoch keineswegs nur ökonomischer Zwang, der Fischer zu derartigen Aktivitäten bewegte. Der Zeitpunkt rückte näher, an dem eine Entscheidung über den Fortbestand des Verlags fallen mußte, und die drohende Überalterung führte zwangsläufig zu dem Bestreben, einen Teil der Verantwortung an Jüngere abzutreten. Dieser Generationenwechsel setzte bereits 1917 ein, als Oskar Loerke in das Lektorat eintrat und dort die Arbeit des erkrankten

Heimann weitgehend übernahm. Der 33jährige Loerke war dem S. Fischer Verlag bereits seit einem Jahrzehnt als Autor verbunden; Heimann, der ihn für einen der bedeutendsten zeitgenössischen Dichter hielt, hatte ihn nach Kräften gefördert, ohne ihm indes zu materieller Unabhängigkeit verhelfen zu können. Die fünf Publikationen, die 1917 vorlagen – darunter zwei Bände Gedichte und der Roman *Der Turmbau* –, gelangten über einen begrenzten Kreis von Kennern nicht hinaus. Loerke mußte sich in die Fron der Lektoratsarbeit begeben, und seine Tagebücher dokumentieren auf jeder Seite den unlösbaren Konflikt zwischen dem Bedürfnis nach eigener Produktion und dem ungeheuren Arbeitspensum, das er in den folgenden langen Jahren bis zu seinem Tode 1941 für den Verlag leistete. Einige Zeit noch konnte sich Heimann, dem es ähnlich ergangen war, an der Begutachtung von Manuskripten beteiligen; nach Heimanns Tod im Jahre 1925 ging auch diese Pflicht ganz auf Loerke über. 1926 übernahm er zusätzlich das Amt des Sekretärs der neugegründeten Sektion für Dichtkunst an der Preußischen Akademie der Künste, und es ist erstaunlich, daß trotz dieser mehrfachen Belastung noch weitere Gedichtbände entstehen konnten.

Loerke war umfassend gebildet und verfügte über ein ausgeprägtes Sprachbewußtsein, ohne doch einem literarischen Konservatismus verhaftet zu sein – wie etwa sein frühes Eintreten für Hans Henny Jahnn beweist. Es waren dies Qualitäten, die in der verlegerischen Auseinandersetzung mit den ästhetischen Entwicklungen der zwanziger Jahre unabdingbar wurden; Fischer, der längst nicht mehr so viele Manuskripte selbst begutachten konnte wie in früheren Jahren, hatte gut gewählt. Weiterhin offen blieb jedoch die Frage, wer eines Tages die Leitung des Verlags übernehmen sollte, und in dieser Hinsicht hatte Fischer bereits schwere Rückschläge hinnehmen müssen, die für die Zukunft des »Hauses« nichts Gutes verhießen. Im Sommer 1913 starb Gerhart Fischer, der einzige Sohn Samuel Fischers, im Alter von nur neunzehn Jahren – ein Unglück, das den Verleger für Monate völlig arbeitsunfähig machte und als einer der tiefsten Einschnitte seines Lebens noch sehr lange nachwirkte. Die damals gerade achtjährige Tochter Brigitte kam für eine Übernahme des Erbes noch längst nicht in Betracht, und der durchaus patriarchalisch gesinnte Fischer dürfte eine weibliche Nachfolge auch kaum ernsthaft erwogen haben. Einige Hoffnung richtete sich auf Ernst Rowohlt, der gerade zu jener Zeit (seit Dezember 1912) als

Geschäftsführer für Fischer tätig war. Rowohlt wechselte jedoch nach kaum einjähriger Arbeit zum Hyperion-Verlag und begründete 1919 ein eigenes Unternehmen. Mit dem, wie Rowohlt schrieb, »Alleinherrscher« Fischer hätte er sich langfristig wohl nicht arrangieren können.

Angesichts dieser Ereignisse wird verständlicher, warum Fischer, obwohl erst Mitte fünfzig, ein Fusionsangebot an den nicht weniger autarken Kurt Wolff richtete und damit scheinbar ohne Notwendigkeit einen Teil seiner »Alleinherrschaft« zur Disposition stellte. Nachdem auch dieser Plan gescheitert war, geriet die Zukunft des Verlags endgültig ins Ungewisse, und dieser Schwebezustand spiegelte die äußeren Bedingungen getreulich wider: der verlorene Krieg, der Sturz der Monarchie, die Auseinandersetzungen der sozialen Klassen und die noch nicht definierten Forderungen der Siegermächte schufen in Deutschland einen politischen und wirtschaftlichen Schwebezustand, der, das war bereits zu ahnen, in eine neue Krise münden würde. Langfristige Kalkulationen, die Vorwegnahme politischer wie kultureller Entwicklungen wurden unmöglich; man wirtschaftete von Tag zu Tag, man improvisierte. Es war Nachkriegszeit, nicht Friedenszeit.

1918–1930
Der Generationenwechsel
Gesamtausgaben und Erweiterung des Programms

»Mit meinem Freunde Fischer ... ist es das Alte. Es geht alles seinen zwar soliden, aber gestrigen Trott«, beklagte sich im Juni 1923 Gerhart Hauptmann gegenüber Kurt Wolff. Der Verleger konnte dem nicht ohne Vorbehalt zustimmen. Zwar wünsche er Fischer Einsicht in seine mittlerweile vom Alter begrenzte Leistungsfähigkeit, jedoch »erfordert es die Gerechtigkeit, festzustellen, daß wohl die Führung eines Verlages, der im wesentlichen auf Dichtung gestellt ist, seit vielen – vielen Jahren nicht so schwer war wie heute.« Das war keinesfalls bloß diplomatisch, sondern aus Erfahrung gesprochen. Konnte man noch im Herbst 1918 hoffen, mit dem Ende der Kriegswirtschaft und der allmählichen Öffnung der Weltmärkte werde sich auch das Buch- und Verlagswesen konsolidieren, so machte die wirtschaftliche Entwicklung schon des folgenden Jahres deutlich, daß an eine Rückkehr zu dem »gestrigen Trott« festgefügter Branchengewohnheiten nicht mehr zu denken war.
Fischer hatte im Jahre 1919 zunächst einiges von dem Manuskriptstapel abzutragen, der sich infolge der Produktionsstockungen aufgetürmt hatte. Ganze dreiundsiebzig Neuerscheinungen gingen in Druck, darunter allein fünf Titel von Rathenau. Die jüngste Literatur nahm jetzt noch breiteren Raum ein, u.a. erschienen drei Theaterwerke von Reinhard Goering, ein Gedichtband von Ivan Goll, das heftig umstrittene Drama *Pastor Ephraim Magnus* von Hans Henny Jahnn und der Roman *Ein Namenloser* des noch gänzlich unbekannten Gustav Sack. Alfred Wolfenstein gab ein ›Jahrbuch für neue Dichtung und Wertung‹ heraus, das unter dem Titel *Die Erhebung* namhafte expressionistische Autoren vorstellte, und schließlich wurden, nach jahrelanger nationaler Isolation, auch die Fenster zur fremdsprachigen Literatur endlich wieder aufgestoßen: die Shaw-Ausgabe wurde mit zwei Bänden fortgesetzt, und von

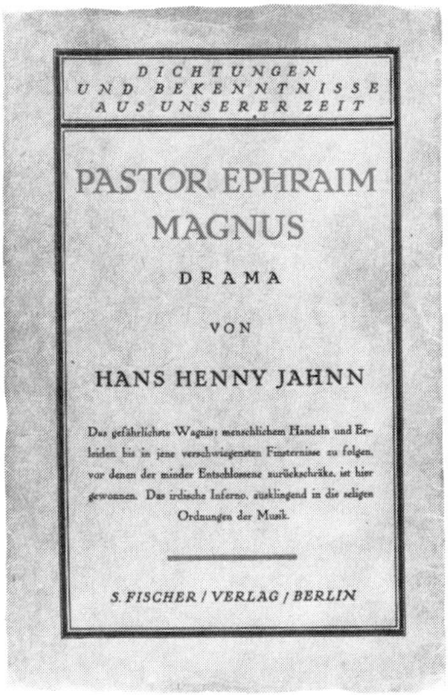
DICHTUNGEN
UND BEKENNTNISSE
AUS UNSERER ZEIT

PASTOR EPHRAIM
MAGNUS

DRAMA

VON

HANS HENNY JAHNN

Das gefährlichste Wagnis: menschlichem Handeln und Erleiden bis in jene verschwiegensten Finsternisse zu folgen, vor denen der minder Entschlossene zurückschräke, ist hier gewonnen. Das irdische Inferno, ausklingend in die seligen Ordnungen der Musik.

S. FISCHER / VERLAG / BERLIN

Walt Whitman erschienen die von Hans Reisiger übertragenen Dichtungen *Grashalme* in einer ›Liebhaberausgabe‹.

Doch diese plötzliche Blüte täuschte. Die Auffächerung des Programms mochte den S. Fischer Verlag als Repräsentanten einer bürgerlich-liberalen, auch literarischen Experimenten aufgeschlossenen Haltung in Erinnerung rufen – gegen die allgemein sinkende Nachfrage nach Kulturgütern war damit nichts auszurichten. Trotz der allmählichen Teuerung der Bücher war der Absatz noch während des Krieges kaum beeinträchtigt gewesen; Konsumartikel verschwanden vom Markt, und viele kauften darum lieber Bücher, anstatt verfügbares Papiergeld sinnlos aufzusparen. Nach Krieg und Revolution jedoch trat, wie Fischer an Dehmel schrieb, ein »Sturz im Bücherkauf« ein; jetzt hatten offenbar andere, seit langem angestaute Bedürfnisse Vorrang. Der rasche Verfall der deutschen Mark, der in einem ersten Schub bereits 1919/20 erfolgte, und die rapide ansteigenden Herstellungs- und Vertriebskosten machten es unmöglich, diesem Käuferschwund durch Preissenkungen entgegenzuwirken. Im Gegenteil: während die Buchhändler die Preisbindung endgültig aufhoben, mußten zahlreiche Verlage bald selbst zum Mittel des Teuerungszuschlags greifen. Diese Zuschläge – bei

Signet für das Jahrbuch *Die Erhebung*
(Erich Mende, 1920)

S. Fischer 25 % im Juli 1920 – waren honorarfrei und führten zu zahllosen Konflikten mit den Autoren, die nun begreiflicherweise mißtrauisch wurden. Die dauernd sich verändernden und in jedem Verlag anders formulierten Konditionen überschaute längst niemand mehr.

Diese Situation verschärfte sich, als 1921 eine erneute Papiernot die Buchpreise in die Höhe trieb. Die galoppierende Inflation, die im August 1921 einsetzte, veranlaßte überdies viele Buchhändler zu Spekulationskäufen, die wegen der langen Zahlungsfristen wiederum den Verlagen das Betriebskapital entzogen. Bereits ein Jahr später waren Fischers Möglichkeiten nahezu erschöpft: um die Beschaffung neuen Kapitals zu erleichtern, wurde der Verlag, bisher Privatbetrieb, in eine Aktiengesellschaft umgewandelt. An der inneren Organisation änderte die neue Rechtsform allerdings nichts: die AG war eine »Familiengründung«, denn S. Fischer selbst hielt 99 % der Aktien.

Der finanzielle Druck, unter den auch die hochdotierten Autoren allmählich gerieten – selbst Thomas Mann schrieb jetzt Artikel für harte Dollars –, führte zu immer ausgedehnteren geschäftlichen Briefwechseln (die Beschwerdebriefe Schnitzlers an Fischer geben davon eine Vorstellung). Um dem ein Ende zu bereiten, einigten sich im März 1923 zehn große deutsche Verlage – u.a. Rowohlt, Wolff, Cotta und Fischer – auf einheitliche ›Richtlinien für die Honorierung schönwissenschaftlicher Bücher‹, die in Form eines Merkblatts an die Autoren versandt wurden. Darin wird eine nicht mehr an den Buchpreisen, sondern an den Einnahmen der Verlage bemessene, laufende Honorarabrechnung angekündigt. Welche grundsätzlichen Konflikte dieser Übereinkunft vorangegangen waren, lassen die harten Schlußsätze der ›Richtlinien‹ erkennen; sie beleuchten grell das von jeher besondere Abhängigkeits- und Spannungsverhältnis zwischen Autor und Verlag:

Angesichts dieser unbestreitbaren Tatsache [stark verminderter Verlagsgewinne] erscheint es nicht nur als ein Gebot der Billigkeit, sondern auch als ein solches der Selbsterhaltung, daß auch der Autor sich mit einem niedrigeren Anteil, als er vielleicht früher gewohnt war, bescheidet. [...] Stellt sich aber ein Autor, wie das leider manchmal vorkommt, auf den rechtlich wie praktisch gleich unhaltbaren Standpunkt, daß er als »Arbeitnehmer« des Verlegers für seine Arbeit nach Maßgabe der aufgewendeten Mühe honoriert werden müßte, so wird jedes ersprießliche Zusammenarbeiten unmöglich.

Unter den chaotischen wirtschaftlichen Bedingungen jener Jahre sah sich Fischer erneut gezwungen, seine Produktion einzuschränken. Für neue Autoren blieb der Verlag jahrelang verschlossen; 1922 erschienen einunddreißig, im folgenden Jahr, das den grotesken Höhepunkt der Inflation brachte, nur noch neunzehn Neuerscheinungen. Die Fortsetzung der Taschenbuchreihe scheiterte, wie kaum verwunderlich, an den Kosten der Herstellung: unter dem Titel ›Der wohlfeile gute Roman‹ blieb es bei wenigen Bänden, deren Einheitspreis ständig heraufgesetzt werden mußte. Erstaunlich ist dagegen, daß Fischer auch jetzt nicht von seiner Vorliebe für Gesamtausgaben zeitgenössischer Autoren lassen wollte und diese Projekte auch sämtlich, trotz der Unmöglichkeit langfristiger Planung, zum Abschluß brachte. Diesen Erfolg verdankte er nicht zuletzt einem neuen Prinzip, das erstmals im November 1921 praktiziert und dann über Jahrzehnte beibehalten wurde: es erschienen Thomas Manns Essays *Rede und Antwort* zugleich als selbständiger Band und als erster Band der *Gesammelten Werke* in Einzelausgaben.

Diese Form der Gesamtausgabe, die weder formal noch chronologisch gegliedert war, hatte für den Verlag den Vorzug, beliebig ergänzbar und damit gegenüber dem künftigen Schaffen des Autors offen zu sein. Die unnumerierten, aber einheitlich ausgestatteten Bände waren einzeln käuflich, sie konnten also sukzessive auch von solchen Lesern erworben werden, die sich einen einmaligen, großen Bücherkauf nicht leisten konnten oder wollten. Diese Neue-

Signet für Thomas Manns *Gesammelte Werke*
(Erich Mende, 1922)

rung erregte Aufsehen; sie steigerte auch, trotz des wenig günstigen Zeitpunkts, den Absatz von Thomas Manns Werken beträchtlich. 1922 erschienen sämtliche seiner vorliegenden Werke in der neuen Ausstattung: die Romane *Buddenbrooks* und *Königliche Hoheit* sowie zwei Bände *Novellen* und eine Neuausgabe der *Betrachtungen eines Unpolitischen,* aus denen Thomas Mann einige besonders aggressive Passagen gestrichen hatte. 1924 endlich folgte das – wie es der Autor nannte – »verschleppte Roman-Untier« *Der Zauberberg,* dessen Thematik dem Publikum aus Vorabdrucken und zahlreichen Vorlesungen längst bekannt war, dessen Fertigstellung sich aber über Jahre hinweg aus werkästhetischen wie politischen Gründen immer wieder verzögert hatte. Die Reaktion der literarischen Öffentlichkeit war diesmal kaum vorherzusagen. *Der Zauberberg* war in seiner Art, zumindest in Deutschland, etwas durchaus Neues: ein ironisch gebrochener Bildungsroman, handlungsarm, scheinbar weltfern, von Reflexionen und ausgedehnten Streitgesprächen durchsetzt, die dann von einigen Kritikern auch wirklich als langatmig moniert wurden. Trotzdem war die Erstauflage dieses zweibändigen, 21 Mark teuren und 1200 Druckseiten starken Werks innerhalb von Tagen vergriffen, und binnen eines Jahres waren etwa 50 000 Exemplare verkauft – ein Erfolg, den niemand und gewiß nicht der Autor für möglich gehalten hatte. 1926 erschien *Der Zauberberg* in einer einbändigen Dünndruckausgabe, 1928 schließlich – zur Feier des 100. Tausends – in einer zweibändigen signierten Luxusausgabe. Die zahlreichen Übersetzungen dieses – neben Kafkas *Schloß* – wohl bedeutendsten deutschsprachigen Romans der zwanziger Jahre verschafften Thomas Mann eine weltweite Reputation, die 1929 durch die Verleihung des Nobelpreises für Literatur bekräftigt wurde.

In den folgenden Jahren erschienen noch zwei weitere Essay-Sammlungen Thomas Manns als Einzelausgaben (*Bemühungen*, 1925; *Die Forderung des Tages*, 1929), daneben aber auch traditionell gestaltete Werkeditionen in numerierten, nur geschlossen abzugebenden Bänden: die *Gesammelten Werke in zehn Bänden* (1925) waren ein Nachdruck der ersten zehn Einzelausgaben, *Die erzählenden Schriften* (1928) umfaßten drei Dünndruckbände in flexiblem Einband. Damit war das Werk dieses Autors nicht nur in vielfältiger und buchtechnisch ansprechender Weise präsent, es gewann nun auch innerhalb des Verlagsprogramms ein derartiges Gewicht, daß sich der S. Fischer Verlag ins öffentliche Bewußtsein der Weimarer Republik immer deutlicher als »der Verlag Thomas Manns« einprägte. Und dies war mehr als ein bloßes Schlagwort: das Problem, wo und unter welchen Bedingungen das Werk Thomas Manns weiter würde erscheinen können, wurde während der Naziherrschaft tatsächlich zum entscheidenden, die Strategie des Verlags bestimmenden Kriterium.

Nachdem das Prinzip der Einzelausgaben erfolgreich eingeführt war, konnte man daran denken, das Werk auch anderer Autoren in dieser Weise zusammenzufassen. Eine Werkausgabe Jakob Wassermanns war seit 1920 beschlossen, sie mußte jedoch wegen der Inflation verschoben werden – es war dies nicht nur eine Frage der Herstellung und des Preises, auch der Buchhandel war in jenen Jahren auf Gesamtausgaben nicht gut zu sprechen. 1924 endlich erschienen die ersten drei Bände von Wassermanns *Gesammelten Werken* in Einzelausgaben, darunter zur Einführung die beiden erfolgreichsten Romane, *Caspar Hauser* und *Das Gänsemännchen*. 1925 folgten weitere drei Bände, 1926 *Christian Wahnschaffe*, und nun begann auch der vierbändige *Wendekreis*-Zyklus der Jahre 1920 bis 1924 in der neuen Ausstattung zu erscheinen.

Wassermann war in den zwanziger Jahren einer der populärsten Romanautoren deutscher Sprache; seine Einnahmen – vor allem auch aus Übersetzungen ins Amerikanische – waren beträchtlich, während sich indessen sein hektisches, keine Erholung duldendes

Produktionstempo seit seinen Anfängen nicht im mindesten gemäßigt hatte. Sein literarisches Schicksal gehört zu den dunklen – und bis heute noch wenig erhellten – Kapiteln der neueren deutschen Literaturgeschichte. Nachdem der Justizroman *Der Fall Maurizius* (1928) Wassermann auf den Scheitelpunkt seiner öffentlichen Anerkennung geführt hatte, nahmen Wirksamkeit wie auch Wirkungsmöglichkeit seines Werks allmählich ab: die Fortsetzung *Etzel Andergast* (1931) konnte noch als Erfolg gelten, aber der 1932 erschienene biografische Roman um den Afrikaforscher Stanley, *Bula Matari*, erzielte nicht mehr die gewohnten Auflagen. Nach der nationalsozialistischen Machtübernahme sah sich der jüdische Autor von nahezu allen Verdienstquellen in Deutschland abgeschnitten, einige seiner Werke wurden verboten. Die im März 1933 erschienenen *Selbstbetrachtungen*, sein letztes Buch bei S. Fischer, kam lediglich mit einer schmalen Erstauflage von dreitausend Exemplaren in den Handel. Trotz dieser hoffnungslosen Situation und schwerer Krankheit vollendete er noch im Herbst 1933 den umfänglichen, an *Etzel Andergast* anschließenden Roman *Joseph Kerkhovens dritte Existenz.* Nach schwierigen Verhandlungen empfahl die Geschäftsleitung des Verlags, dieses Werk außerhalb Deutschlands zu publizieren; es erschien schließlich 1934 im Querido Verlag, Amsterdam. Wassermann, der sich zu immensen Unterhaltszahlungen verpflichtet hatte, starb zur Jahreswende 1933/34 am Rande der Verarmung. Den neuen Machthabern und ihrer antisemitischen Propaganda kam dieses Ende zupaß; der gleichgeschaltete ›Berliner Börsen-Courier‹ zog den brutalen Schlußstrich: »Mit der deutschen Literatur hatte er so gut wie nichts zu schaffen.«

Der dritte Autor von Rang, dessen Werk Fischer nach dem neuen Editionsprinzip zusammenfaßte, war Hermann Hesse. Nach dem Erfolg des *Demian* waren von ihm zunächst einige schmale Bände mit Gedichten, Aufsätzen und Erzählungen erschienen, 1922 dann die Dichtung *Siddhartha.* Hesse selbst entwarf einen detaillierten Editionsplan, der vorsah, zunächst die Romane und die aktuellen Werke in neuer, einheitlicher Ausstattung zu drucken und die Novellen erst dann folgen zu lassen, wenn die entsprechenden Buchbestände verkauft seien. Fischer stimmte dem grundsätzlich zu. Im Frühjahr 1925 eröffnete er Hesses *Gesammelte Werke in Einzelausgaben* mit den Aufzeichnungen *Kurgast,* im Herbst folgten weitere vier Bände, darunter wiederum *Demian.* 1926 erschienen die *Knulp*-Geschichten, *Siddhartha* und Hesses gesammelte Reiseskizzen unter dem Titel *Bilderbuch*.

Der Name Hesse knüpft sich heutzutage vor allem an den Welterfolg des *Steppenwolf*, dessen Protagonist Harry Haller immer wieder zu kurzschlüssigen Identifikationen Anlaß gab. Als jedoch der Roman 1927 erschien – zu Hesses fünfzigstem Geburtstag und gleichzeitig mit Hugo Balls Hesse-Monografie –, löste er durchaus noch keine Begeisterung aus, sondern eher Verstörung, Verärgerung sogar unter eingeschworenen Hesse-Lesern. Das Verzerrte, Zerrissene des Romans, der sich auch formal vom traditionellen Erzählduktus löste, war mit der idyllischen Welt z. B. des *Knulp* nicht zu vereinbaren. Trotzdem bestand Hesse darauf, hier keineswegs nur den »Irrsinn unserer Zeit« benannt zu haben, sondern ebenso dessen verborgene Kehrseite, eine Sphäre von Geist und Kultur, die von den Zerstörungen durch Technik, Krieg und Geld noch nicht erreicht sei. Die spätere Verbreitung des *Steppenwolf* als »Kultbuch« der Jugend wäre darum Hesse zweifellos und zu Recht als Mißverständnis erschienen – in Wahrheit blieb seine Zeit- und Kulturkritik hinter der Radikalität etwa Nietzsches zurück und brachte noch immer den Glauben an die Beständigkeit von Werten zum Ausdruck, die der Nationalsozialismus wenige Jahre später niedertrat.

Hesses damaligem Publikum allerdings war *Der Steppenwolf* bereits düster und »krankhaft« genug. Die märchenhafte Erzählung *Narziß und Goldmund* (1930) verzeichnete höhere Auflagen und wurde auch von der Kritik mit einem Aufatmen angenommen. Gegenüber äußerem Erfolg verhielt sich jedoch Hesse in jenen Jahren immer abweisender, neue Manuskripte kamen kaum noch ans Licht. Obwohl von Verfolgung nicht direkt bedroht, deprimierte ihn die Vergiftung des politischen und kulturellen Klimas in Deutschland und löste eine langjährige Schaffenskrise aus. Die älteren Erzählungen wurden noch in überarbeiteter Fassung der Gesamtausgabe eingegliedert (*Diesseits*, 1930; *Kleine Welt*, 1933), dann begann schon der Kampf ums literarische Überleben – in Montagnola wie in Berlin.

Wie von Anbeginn seiner Karriere gehörte es noch immer zu den verlegerischen Maximen Fischers, hochrangige Autoren möglichst »ungeteilt« in Werk und Person zu betreuen. Dies kam einerseits in der verhältnismäßig großen Zahl von zweiundzwanzig Gesamtausgaben und mehreren Briefsammlungen zum Ausdruck, die Mitte der zwanziger Jahre vorlagen, andererseits in den partnerschaftlichen und sogar freundschaftlichen Beziehungen, die Fischer auch in seinen späten Jahren zu zahlreichen Autoren aufrecht erhielt. Als Muster einer derartigen exklusiven und lebenslangen Verpflichtung galt ihm die Zusammenarbeit mit Gerhart Hauptmann, jenem Mann also, der den Aufstieg des Verlags als erster und berühmtester Stammautor begleitet hatte. Zu den unglücklichsten und für Fischer – wie aus seinen Briefen hervorgeht – deprimierendsten Konflikten gehörten daher diejenigen, die er im Alter ausgerechnet mit Hauptmann durchzustehen hatte.

Bereits 1923 beklagte sich Hauptmann – wie zitiert – über Fischers mangelnden Elan, obwohl das ›Hauptmann-Jahr‹ (zum 60. Geburtstag des Schriftstellers) eben erst verstrichen war und Fischer aus diesem Anlaß große Anstrengungen unternommen hatte. Trotz der unberechenbaren Teuerungsraten brachte er zwei Gesamtausgaben: eine ›Jubiläumsausgabe‹ in acht Bänden als Fortführung der Volksausgabe von 1912 und eine teure und aufwendige ›Große Ausgabe‹ in zwölf Bänden. Sämtliche Einzelbände wurden neu gedruckt, es erschien das ländliche Liebesgedicht *Anna* und noch anderes. Reichspräsident Ebert proklamierte Hauptmann zum repräsentativen Dichter der ersten deutschen Republik, in Breslau wurden Hauptmann-Festspiele gegeben, die Kinos zeigten mehrere Verfilmungen seiner Werke. Es erwies sich jedoch bald, daß dieser Aufwand zu Hauptmanns aktuellem Schaffen in einem Mißverhältnis stand: wegweisende Bühnenwerke wie z. B. *Die Weber*, auf denen seine Reputation gründete, gelangen ihm jetzt nicht mehr, und auch seine neuere Prosa bekundete einen Stillstand der künstlerischen Entwicklung. Die Romane *Phantom* (1923) und *Die Insel der großen Mutter* (1925) waren blaß, und selbst die sechsbändige Werkauswahl, die 1925 zum »Propagandapreis« von 33 Mark und unter der Parole »Hauptmann für jedermann!« auf den Markt kam, konnte kein neues Interesse entfachen; die Erstauflage mußte zur Hälfte und mit Verlust über den Reisebuchhandel verkauft werden. Auch Hauptmanns Versuch, an frühere Themen anzuknüpfen, schlug schließlich fehl: das naturalistische Schauspiel *Dorothea Angermann* (1926) erlebte das jüngere Publikum als »Museumsabend«.

Hauptmann lebte – in krassem Gegensatz zu Hesse – auf großem Fuße und zeitweilig drückend verschuldet. Er war gewohnt, die Honorare hoher Auflagen im voraus zu erhalten, und diese Beträge durften laut Vertrag mit dem Erfolg anderer Werke nicht verrechnet werden. Das Absinken der Auflagen traf also zunächst Fischer, der nun daran denken mußte, künftige Vorauszahlungen an Hauptmann einzuschränken. Dazu kam es jedoch nicht, denn für sein umfangreiches Versepos *Till Eulenspiegel*, das als Prachtband erscheinen sollte, verlangte Hauptmann ultimativ ein Voraushonorar für 25000 Exemplare. Wollte Fischer seinen repräsentativsten Autor nicht an einen anderen Verlag verlieren, so mußte er nachgeben, obgleich die viel geringeren Verkaufsziffern eines in Hexametern verfaßten Werkes vorauszusehen waren. Derselbe Konflikt entzün-

dete sich an dem Zirkusroman *Wanda* (1928), an der Volksausgabe des *Emanuel Quint* und an dem autobiografischen Roman *Buch der Leidenschaft* (1929): auch diese Titel brachten Fischer erhebliche Verluste, so daß endlich im Jahre 1929 durch einen neuen und detaillierten Vertrag die verfahrene Situation bereinigt werden mußte. Nun war Hauptmann verpflichtet, neue Manuskripte zuerst Fischer anzubieten, und damit war jede Art preistreibender »Versteigerung« ausgeschlossen – eine gute Regelung, die indes ein wenig zu spät kam, denn zu Fischers Lebzeiten vollendete Hauptmann kein größeres Werk mehr.

Über Verlags- und Werkgeschichte hinaus ist diese Auseinandersetzung insofern von Bedeutung, als sie einen grundlegenden Wandel in den Bedingungen der literarischen Buchproduktion signalisiert.

Gewiß war die an Goethe orientierte Klassizität von Hauptmanns Spätwerk eine der Ursachen dafür, daß es wenig Wirkung entfaltete. Aber andere Autoren jener älteren Generation erlebten eine ähnliche Minderung ihres Einflusses, und dies insbesondere zur Zeit des wirtschaftlichen und sozialen Umbruchs. Schnitzler war mit einigen Inflationsabrechnungen so unzufrieden, daß er zwei Erzählungen an andere Verlage gab und erst 1926 mit der *Traumnovelle* endgültig zu Fischer zurückkehrte; 1928 erschien sein erzählerisches Werk in sechs Bänden. Auch das Werk Hofmannsthals wurde 1924 in sechs Bänden zusammengefaßt, dann aber erschien bis zu seinem letzten großen Bühnenwerk *Der Turm* (1928) nichts mehr bei Fischer. In einem langen und aufschlußreichen Brief an seinen Verleger begründete Hofmannsthal bereits 1922, warum er die gleichzeitige Zusammenarbeit mit dem Insel-Verlag nicht aufgeben mochte: »das Bibliophile spielt hinein, ein gewisser Traditionalismus darf sich geltend machen, dem Sie in weiser Entscheidung für das Andere, das durchaus ›Heutige‹ abgesagt haben«. Damit war Fischer durchaus kein blindes Streben nach Aktualität unterstellt, sondern die richtige und rechtzeitige Einsicht, daß der Stellenwert der von Hofmannsthal wie auch von Hauptmann repräsentierten Literatur auf dem Büchermarkt sich verändere. Die Ursachen hierfür lagen tief und ließen sich mit ästhetischen Kategorien allein nicht fassen.

In dem Almanach *Das 40. Jahr*, der 1926 Geschichte und Programm des Verlags vorstellte, findet sich einer der wenigen von S. Fischer selbst verfaßten Aufsätze. Er trägt den Titel *Bemerkungen zur Bücherkrise* und ist der Versuch, jene »unheimliche Stille auf dem Büchermarkt« zu deuten, die seit der Inflation eingetreten sei. Als Ursachen benennt Fischer die Wirtschaftskrise – durch die Geldentwertung waren große Teile des Bürgertums verarmt –, vor allem aber die kulturellen Einflüsse, die aus einer allgemeinen »Amerikanisierung« des Lebens und aus den neuen technischen Möglichkeiten der Unterhaltung erwuchsen: »Da ist es nun sehr bezeichnend, daß das Buch augenblicklich zu den entbehrlichsten Gegenständen des täglichen Lebens gehört. Man treibt Sport, man tanzt, man verbringt die Abendstunden am Radioapparat, im Kino.«

Diese Anfänge einer Unterhaltungsindustrie, die Fischer für die zunehmende »Verflachung und Veräußerlichung des geistigen Lebens« verantwortlich macht, führte jedoch keineswegs zu einem

E.R.Weiß
DAS 40. JAHR
S. FISCHER VERLAG

Zurückdrängen des Buches überhaupt. Die Unverkäuflichkeit aufwendiger Gesamtausgaben war zweifellos bedrohlich für einen Verleger, der nicht einzelne Bücher, sondern Autoren fördern wollte, aber Fischer war doch hellsichtig genug, dies als Zeichen eines Funktionswandels – nicht eines Funktionsverlusts – zu werten. Trotz der neuen Unterhaltungsmedien war absehbar, daß Umfang und Geschäftigkeit des Büchermarktes keineswegs abnehmen würden, im Gegenteil: nicht nur stieg die Zahl der jährlichen Neuerscheinungen in Deutschland ständig an, Fischer sah sich jetzt auch einer wachsenden Zahl von Konkurrenten gegenüber, die sich mit zeitgenössischer Literatur befaßten. 1923 wurde in Wien der Paul Zsolnay Verlag gegründet, der sogleich das Werk Franz Werfels übernahm und Fischers österreichische Autoren umwarb; Ullstein gründete den belletristisch orientierten Propyläen-Verlag; der seit 1910 arbeitende Gustav Kiepenheuer Verlag avancierte während der zwanziger Jahre zur wichtigsten Adresse junger Literaten (u. a. Brecht, Seghers, Toller, Roth); und schließlich zeigte auch Ernst Rowohlt – gleichsam als Nachfolger des allmählich sich zurückziehenden Kurt Wolff – großes Interesse für die »Jüngsten«. Zusätzlich erhitzt wurde der Büchermarkt durch die Gründung gewinnorientierter Buchgemeinschaften (z. B. Volksverband der Bücherfreunde, Büchergilde Gutenberg, Deutsche Buchgemeinschaft), die das Sortiment umgingen, direkt an das lesende Publikum lieferten und daher mit niedrigen Buchpreisen werben konnten – eine Bedrohung sowohl der Verlage wie des Buchhandels.

Diese verschärfte Konkurrenz wie auch die Rivalität des Buches gegenüber anderen Unterhaltungsgütern wirkten in Richtung einer beschleunigten Zirkulation, und das in der Vorkriegszeit noch zu beobachtende gemächliche Wider- und Zusammenspiel literarischer Strömungen wurde durch die neuen Konsumgewohnheiten unterbunden. Das Publikum verlangte »neue« Bücher, und dies bedeutete, daß sich die Absatzmöglichkeiten belletristischer Werke jetzt viel schneller erschöpften. In ein oder zwei Jahren mußten sie ihre Leser finden, dann drängte bereits Neues nach. Der »Bestseller« wurde zum gängigen buchhändlerischen Begriff, und in den Verlagsprogrammen erschienen nun immer häufiger Romane, die von vornherein als Saisonartikel konzipiert waren.

Fischer beklagte das Fehlen einer bürgerlichen Kulturatmosphäre, das Verschwinden von literarischen Gesellschaften, Volksbühnen und Lesezirkeln, den Substanzverlust des Feuilletons. Diese Symptome signalisierten jedoch lediglich einen Wandel der literarischen Öffentlichkeit, die sich einerseits seit Gründung der Republik stark verbreitert hatte, die sich andererseits immer schärfer politisierte und polarisierte. Der Schriftsteller erfuhr einen Zuwachs an sozialer Anerkennung – jedoch nur, insofern er bereit war, auch politische und soziale Fragen zu erörtern und eindeutig Stellung zu beziehen. Nicht mehr der isoliert und »abgehoben« arbeitende Dichter, sondern der intellektuelle Schriftsteller gab den Ton an zu einer Zeit politischer Instabilität und ideologischer Richtungskämpfe, die immer häufiger in offene Gewalt umschlugen.

Diese Politisierung war zweifellos einer der Gründe, warum Thomas Manns Schaffen breitere Wirkung entfaltete als etwa das Hauptmanns. Ein Wandel hatte sich vollzogen, der nach Alfred Kerr dadurch charakterisiert war, »daß eben heut gewisse Dinge nicht mehr durch sogenannte dichterische Symbole ausgedrückt werden können, sondern daß sie erörtert werden müssen« – eben dies tat Thomas Mann in Werk und Rede. Sein Roman *Der Zauberberg* überschritt die Grenze zum Essay, er selber äußerte sich öffentlich und unverschlüsselt zu Fragen der Politik. Er verteidigte die parlamentarische Demokratie und setzte sich damit rechter wie linker Polemik aus. Der schwindende Einfluß einiger älterer Autoren resultierte einfach daraus, daß sie jene politisch-literarische Publizistik mieden und sich damit von der öffentlichen Diskussion der wichtigsten Zeitfragen ausschlossen. Ereignisse wie etwa die Ermordung Rathenaus im Jahre 1922 (die Thomas Mann zu seinem Aufsatz *Von deutscher Republik* veranlaßte) bekundeten jedoch drastisch die innere Zusammengehörigkeit politischer und kultureller Entwicklungen. Der neu auflebende Antisemitismus bedrohte beide Sphären, darauf hatte Wassermann mit seiner Anklageschrift *Mein Weg als Deutscher und Jude* bereits 1921 aufmerksam gemacht, und die aggressiven Reaktionen bestätigten ihn überreichlich.

In Zusammenhang mit jener neuen Qualität demokratischer Öffentlichkeit stehen noch zwei weitere grundlegende Veränderungen, die auf dem deutschen Büchermarkt der zwanziger Jahre zu beobachten sind: die Öffnung zur fremdsprachigen Literatur und die wachsende Bedeutung des später so bezeichneten Sachbuchs. Nachdem die Leser von nahezu allem, was den Namen Weltliteratur verdiente, jahrelang abgeschnitten gewesen waren, ergoß sich nun eine Flut von Übersetzungen auf den Markt, und man beeilte sich, das während Krieg und Revolution Versäumte nachzuholen. Wegen mangelnder Erfahrung und meist weitgehender Unkenntnis der fremden Literaturen wurde es anspruchsvollen Lektoren und Verlegern jedoch schwer, aus dem Überangebot Gültiges auszu-

Walt Whitman

wählen und zur deutschen Literatur ins rechte Verhältnis zu setzen. Im S. Fischer Verlag einigte man sich auf die von Loerke formulierte Maxime, »möglichst nur solche Dichtungen des Auslands vorzulegen, die nach menschlichem und künstlerischem Rang den guten Durchschnitt der deutschen Produktion überragen«, mit anderen Worten: nichts Mittelmäßiges aus fremden Sprachen zu übertragen.

Der Aufstieg der Vereinigten Staaten zur Weltmacht und ihr rasch wachsender ökonomischer wie kultureller Einfluß auf Europa lenkten naturgemäß die Aufmerksamkeit auf die englischsprachigen Literaturen. Fischer war der Verleger Shaws, dessen Werkausgabe er ständig auf den neuesten Stand brachte und mit dessen dramatischer Chronik *Die heilige Johanna* er 1924 nochmals hohe Auflagen erzielte – einem der meistgespielten und einflußreichsten Stücke jener Jahre überhaupt. Daneben traten nun aber andere Autoren englischer Sprache, die Shaw an Bedeutung nicht nachstanden: das Werk Walt Whitmans erschien 1922 in einer zweibändigen Auswahl, und in den folgenden beiden Jahren brachte Fischer drei Werke des amerikanischen Dramatikers Eugene O'Neill.

Eugene O'Neill

Als umfangreichstes Projekt erwies sich das Werk des als Pole geborenen, aber englisch schreibenden Erzählers Joseph Conrad. Sechzehn Jahre lang hatte Conrad als Matrose, Offizier und Kapitän die Welt bereist, ehe er sich in der Grafschaft Kent als Schriftsteller niederließ und 1895 seinen ersten Roman veröffentlichte. Seine meist düsteren, literarisch anspruchsvollen Geschichten waren mittlerweile in England berühmt, in Deutschland jedoch noch nahezu unbekannt. Hier mußte dieser Autor erst einmal eingeführt werden, und zu diesem Zweck erschien 1926 der erste Band der Conrad-Ausgabe, *Der Geheimagent*, mit einem umfangreichen einleitenden Essay von Thomas Mann. Während Fischer noch die verstreuten Übersetzungsrechte einkaufte, gewann die Gesamtausgabe rasch an Umfang: in den Jahren 1926 und 1927 erschienen acht Bände, darunter *Lord Jim*, *Der Nigger vom ›Narzissus‹* und *Nostromo*. Ab 1928

trat dann jährlich ein weiterer Titel hinzu, bis endlich 1939 die Gesammelten Werke in zweiundzwanzig einheitlich ausgestatteten, leuchtendgelben Bänden vorlagen.
Auf immer breiteres Interesse stieß mittlerweile auch der zeitgenössische amerikanische Roman, der dem deutschen Leser jenes noch

Joseph Conrad

John Dos Passos

immer wenig bekannte, von Legenden vergoldete Land anschaulich machte. Wolff und Rowohlt verlegten Sinclair Lewis, im Malik-Verlag erschien das Werk Upton Sinclairs. Fischer brachte 1927 auf Holitschers Empfehlung John Dos Passos' *Manhattan Transfer*, ein New Yorker Panorama, das die Erzähltechnik revolutionierte und die Schnitt- und Montageverfahren des Films erstmals konsequent im traditionellen Medium Literatur realisierte. »Hier regt sich Zukunft, möglicherweise für die Epik der ganzen Welt«, urteilte Loerke, und dies traf gewiß zu auf die formal noch anspruchsvolleren Romane *Der 42. Breitengrad* (1930) und *Auf den Trümmern* (1932). Der Einfluß von Dos Passos auf zahllose europäische Autoren – von Döblin bis Sartre – ist heute evident.
Die ökonomische Abhängigkeit Europas von den Vereinigten Staaten, die sich während der Weltwirtschaftskrise von 1930 als so verhängnisvoll erweisen sollte, gelangte allmählich ins öffentliche Be-

wußtsein und erzeugte ein Bedürfnis nach Aufklärung. Nicht zuletzt darum nahm auch im Bereich der ›non-fiction‹ das Thema Amerika immer breiteren Raum ein. Der heutige Typus des Sachbuchs, die fundierte und trotzdem anschauliche Darstellung eines wissenschaftlichen Gegenstands, war damals allerdings erst seit wenigen Jahren vertraut. Als Fischer 1916 mit Gustavus Myers *Geschichte der großen amerikanischen Vermögen* einen Vorreiter dieses Genres auf den Markt brachte (gleichzeitig mit Holitschers *Das amerikanische Gesicht*), löste es noch Erstaunen aus, daß derartige bisher nur von Wirtschaftshistorikern archivierte Vorgänge sich plötzlich zur romanhaften und spannenden »Handlung« fügten. Zehn Jahre später gab es bereits zahlreiche solcher populärwissenschaftlichen Bücher, im S. Fischer Verlag vor allem zum Thema Finanz- und Wirtschaftspolitik und zur Organisation des US-Kapitals, flankiert von amerikanischen Reisebüchern. Selbst Bernard Shaw beteiligte sich unter dem kuriosen Titel *Wegweiser für die intelligente Frau zu Sozialismus und Kapitalismus* (1928) an der Popularisierung wirtschaftspolitischer Fragen. Nachdem dieser Themenkreis durch die Wirtschaftskrise noch an Aktualität gewonnen hatte, folgte eine Welle von theoretischen Abhandlungen, die nach praktikablen Lösungen suchten – *Die englische Krise, Weltkrise – Weltwende, Autarkie oder internationale Zusammenarbeit?, Diktatur der Tatsachen* und ähnliche Titel. Mit der »Machtergreifung« der NSDAP riß diese Diskussion ab.

Die aus heutiger Sicht bedeutendsten Sachbücher, die in jener Zeit bei S. Fischer erschienen, handelten jedoch nicht von der westlichen Hemisphäre, sondern von der noch weithin dunklen, durch politische Desinformation überdies entstellten Geschichte der Sowjetunion. Auch hier hatte der Weltreisende Holitscher Vorarbeit geleistet: sein Buch *Drei Monate in Sowjet-Rußland* zählte 1921 zu den ganz wenigen verläßlichen Augenzeugenberichten und erzielte darum hohe Auflagen. Acht Jahre später jedoch konnte Fischer Revolutionsgeschichte aus allererster Hand ankündigen: seinem Vorschlag folgend brachte Leo Trotzki, der Anfang 1929 aus der UdSSR ausgewiesen worden war, seine politischen Erinnerungen zu Papier. Nach schwierigen Verhandlungen zwischen Berlin und Istanbul (während sämtliche westeuropäische Staaten Trotzki die Einreise verweigerten) erschien im Oktober 1929 *Mein Leben. Versuch einer Autobiographie*. Eine Sensation – nicht nur darum, weil der westliche

Leo Trotzki, 1929

Leser hier erstmals Einblick gewann in die inneren Machtkämpfe eines scheinbar monolithischen Systems, sondern ebenso wegen des Ortes der Publikation. Samuel Fischer, der bürgerlich-liberale Verleger schlechthin, druckte ein zum Klassenkampf aufrufendes Werk eines kommunistischen Politikers – eine Konstellation, die angesichts der sozialen Kämpfe im eigenen Land aufreizend wirken mußte. Fischer indes war keinesfalls gewohnt, die Bedeutung eines Buchs am Kriterium politischer »Ausgewogenheit« zu messen – auch sein Hausautor Holitscher war Kommunist –, und gerade seine letztlich unpolitische Haltung machte derartige Grenzüberschreitungen möglich. Dagegen war das pragmatische Verhalten Trotzkis von seiner Exilsituation erzwungen: es gab kommunistische Verlage in Deutschland, aber sie hätten das Werk des »Verräters« lieber vernichtet als gedruckt. So fuhren beide Seiten mit sachlicher Zusammenarbeit am besten, und Trotzki urteilte ganz kühl: »Politisch bin ich ebensowenig für den Verlag verantwortlich wie der Verlag für mein Buch.« Das war vermutlich auch Fischers Ansicht. Er brachte 1931/32 noch Trotzkis zweibändiges Hauptwerk *Geschichte der russischen Revolution* (der zweite Band war bereits auf 1933 vordatiert!), dann jedoch nahm der politische Druck von rechts derart zu, daß an weitere Kooperation nicht mehr zu denken war.

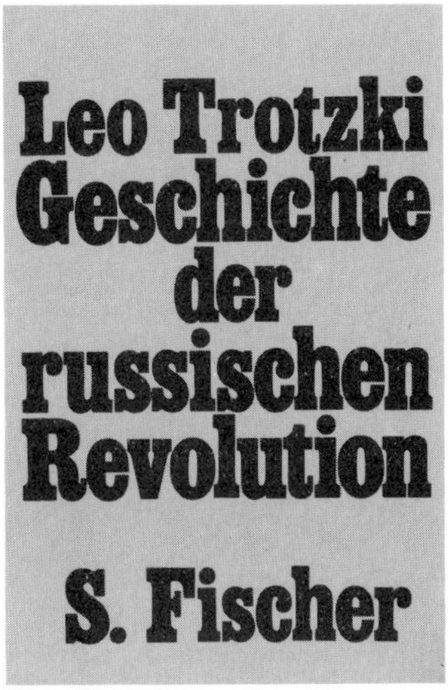

In der Geschichte des S. Fischer Verlags kann man jene Jahre zwischen 1920 und 1932 als Zeit des Sachbuchs charakterisieren, das gegenüber der Belletristik immer mehr an Gewicht gewann und in der Gestalt romanhafter Biografien auch fließende Übergänge schuf (z. b. Lytton Stracheys *Queen Victoria*, 1925; André Maurois' *Benjamin Disraeli*, 1928). Es war aber zugleich eine Zeit wachsender Komplexität sämtlicher verlegerischer Tätigkeiten. Der beschleunigte Umschlag der Bücher zog eine erhöhte Fluktuation der Autoren nach sich, und es kam jetzt häufiger vor, daß Schriftsteller entweder mit nur einem oder zwei Werken bei Fischer gastierten oder für mehrere Verlage gleichzeitig tätig waren. Wegen der wachsenden Zahl von Übersetzungen und der ausgedehnten Verwertung von Literatur in Zeitung, Film und Radio gewannen die sogenannten Nebenrechte rasch an Bedeutung, so daß Fischer bereits 1921 eine eigene Abteilung für diese Aufgaben schaffen mußte. Auch die internationalen Verflechtungen der Branche, die Zusammenarbeit von Verlagen verschiedener Länder wurden jetzt stetig intensiviert, und Fischer nahm an dieser Entwicklung Anteil: er schloß 1929 ein Abkommen mit Gallimard in Paris, das wechselseitige Information, Reservierung von Übersetzungsrechten und andere Dienste vorsah. Die innerbetriebliche Organisation jedoch war noch Mitte der zwanziger Jahre völlig veraltet, die etwa fünfundvierzig Angestellten mühten sich mit einer Buchführung, die noch aus der Frühzeit des Verlags stammte, und es war offenkundig, daß der S. Fischer Verlag einer organisatorischen und vor allem personellen Erneuerung dringend bedurfte, um mit dem wirtschaftlichen und technologischen Wandel Schritt zu halten.

Die Ablösung jener Generation, die noch am Aufbau des Verlags mitgewirkt hatte, setzte Ende 1921 ein. Als Redakteur der ›Neuen Rundschau‹ trat der Literaturwissenschaftler und Publizist Rudolf Kayser an die Stelle von Oscar Bie. Die Zeitschrift profilierte sich in den folgenden Jahren, während mit der ›Weltbühne‹ starke Konkurrenz heranwuchs, durch eine ausgeprägte europäische Orientierung. 1924 wurde auch die Leitung des Bühnenvertriebs neu besetzt, 1925 übernahm Oskar Loerke, nach Heimanns frühem Tod, die literarische Leitung des Verlags, 1926 schließlich wurde der Conrad-Übersetzer Ernst W. Freissler Lektor für fremdsprachige Literatur. Auch die seit dem Scheitern der Fusionsverhandlungen wieder offene Frage, wer künftig das Erbe des bald siebzigjährigen S. Fischer übernehmen und ihn in seiner Funktion als Verlagseigner und -leiter ersetzen werde, erfuhr nun, zur eben rechten Zeit, eine überraschende Antwort. Designierter Nachfolger S. Fischers wurde sein künftiger Schwiegersohn, der achtundzwanzigjährige Arzt Gottfried Bermann, der am 1. Oktober 1925 in den Verlag eintrat.

Bermann war 1897 in Gleiwitz geboren, er hatte bei der Artillerie am Ersten Weltkrieg teilgenommen und anschließend in Breslau, Freiburg und München Medizin studiert. Eineinhalb Jahre lang arbeitete er als Volontärassistent in München, davon sechs Monate bei Sauerbruch, ehe er im Frühjahr 1923 nach Berlin übersiedelte und Assistenzarzt an der Chirurgischen Abteilung des Städtischen Krankenhauses Am Friedrichshain wurde. Im Hause des Verlegers Bruno Cassirer lernte er die zwanzigjährige Brigitte (›Tutti‹) Fischer kennen; beide beschlossen, zu heiraten, sobald Bermann durch Habilitation eine wissenschaftliche Laufbahn begründet hätte. S. Fischer akzeptierte diese Verbindung nach einigen Wochen des Sträubens, er schlug jedoch Bermann vor, seine medizinische Karriere abzubrechen und sich ins Verlagsgeschäft einzuarbeiten. Mit diesem für beide Seiten gewiß schweren Entschluß war der drohende Verkauf des Verlags abgewendet und seine Fortführung als Familienunternehmen vorläufig sichergestellt.

Zunächst befaßte sich Bermann hauptsächlich mit Fragen der Buchherstellung, des Vertriebs und der Werbung, denn S. Fischer kam es vor allem darauf an, ein neues »Organisationstalent« aufzunehmen, und überdies konnte Brigitte Fischer, die bei E. R. Weiß Buchgestaltung gelernt hatte, dem Anfänger hier manchen Rat geben. Es galt jedoch als ausgemacht, daß Bermann die Verlagsleitung künftig übernehmen werde, und dies manifestierte sich nicht zuletzt darin, daß er seinen Namen – um den des Gründers zu bewahren – in ›Bermann-Fischer‹ ändern ließ. Im amerikanischen Exil wurde daraus ›Bermann Fischer‹.
Die Kompetenzen des Nachfolgers wurden nun stetig ausgedehnt; 1928 bestellte ihn Fischer zum Geschäftsführer, und auch an der Programmgestaltung des Verlags wurde er immer stärker beteiligt – das Engagement im Bereich des Sachbuchs, insbesondere das beharrliche Verhandeln mit Trotzki, dürfte nicht zuletzt auf seinen Einfluß zurückgehen. Das letzte Wort, insbesondere in Fragen der literarischen Qualität und der Auflagenhöhe, behielt jedoch noch einige Jahre S. Fischer, und Bermann Fischer konnte, was den voraussichtlichen Erfolg eines Buches betraf, seine Einschätzung nicht immer durchsetzen. So kam eine der wenigen gravierenden Fehlentscheidungen S. Fischers dadurch zustande, daß er sich über das Urteil sowohl Bermann Fischers als auch Loerkes hinwegsetzte und im Frühjahr 1929 Erich Maria Remarques Kriegsroman *Im Westen nichts Neues* ablehnte – ein großer Verlust, wie sich erweisen sollte, denn der Roman avancierte im Propyläen-Verlag zum meistgekauften Buch der Weimarer Republik: eine Million Exemplare innerhalb eines Jahres, daneben eine Auslandsauflage von zwei Millionen. Welche Gründe den erfahrenen Verleger zu seiner Weigerung bewogen haben, ist nicht dokumentiert. Vielleicht erinnerte er sich an den Mißerfolg Dehmels, der 1919, auf einer neuen Welle der Popularität, mit dem Kriegstagebuch *Zwischen Volk und Menschheit* nur wenige Leser erreichte – Fischer hatte sich damals von Dehmel überreden lassen und dann sein Urteil bestätigt gefunden. Ende der zwanziger Jahre jedoch hatte sich die Situation gewandelt; eine neue Generation von Lesern, die den Krieg nicht bewußt erlebt hatte, war herangewachsen, und ein Bedürfnis nach »sachlichen«, authentischen Schilderungen löste eine Hochkonjunktur der Kriegsliteratur aus. Fischer selbst hatte derartiges im Programm, so z. B. den unter Pseudonym veröffentlichten Roman *Ginster* von Siegfried

Gottfried Bermann

Brigitte Fischer

Kracauer. Aber er erkannte zu spät, daß plötzlich der Krieg, nach langen Jahren der Verdrängung, ein Zeitthema geworden war.
Mehr Erfolg hatte Bermann Fischers Intervention im Falle Döblins – auch hier wäre dem Verlag beinahe ein Werk entgangen, das später als Zeitdokument berühmt wurde. Döblin war auch nach dem Kriege eng mit dem S. Fischer Verlag verbunden geblieben, er war regelmäßiger Mitarbeiter der ›Neuen Rundschau‹ – zeitweilig sogar als deren zweiter Redakteur –, und 1924 erschien sein großer technisch-utopischer Roman *Berge, Meere und Giganten.* 1926 folgte die *Reise in Polen*, 1927 das von Fischer als abwegig beurteilte und nur widerwillig akzeptierte indische Versepos *Manas.* Döblins Werk war schwierig und vollzog formal wie inhaltlich immer neue, überraschende Wendungen, so daß mit einem festen Leserstamm nicht zu rechnen war und die Werbeabteilung des Verlags in Verlegenheit geriet. Dazu traten persönliche Konflikte mit Fischer, den die aggressive, niemanden schonende Polemik Döblins immer mehr aufbrachte. In den Jahren 1927 bis 1929 reifte allmählich der Entschluß zur Trennung; zum Glück jedoch erhielt Bermann Fischer rechtzeitig Einblick in Döblins neuestes Manuskript, das den Titel *Berlin Alexanderplatz* trug, und er organisierte eine Lesung, die schließlich auch Fischer beeindrucken mußte. *Berlin Alexanderplatz* erschien im Oktober 1929 mit einem aufsehenerregenden farbigen Schutzumschlag, der eine Inhaltsangabe, kleine Zeichnungen und ein halbes Dutzend Schriften zeigte und damit allen Vorstellungen buchgestalterischer Gediegenheit zuwiderlief. Gemessen an Döblins bisheriger Exklusivität war *Berlin Alexanderplatz* ein Massenerfolg, 20000 Exemplare wurden innerhalb von zwei Monaten abgesetzt, und insgesamt erreichte der Roman weit höhere Auflagen als sämtliche übrigen Werke Döblins zusammengenommen. Das Berlin-Epos bot reichlich Stoff zur Identifikation, es spiegelte die fragmentierte Erfahrungswelt des Großstädters und hatte dabei das Tempo des Films – der sich dann auch zwei Jahre später des Stoffs bemächtigte.
Man darf vermuten, daß *Berlin Alexanderplatz* sogleich noch breitere Wirkung entfaltet hätte, wäre es nicht wenige Tage nach Erscheinen von einem größeren Buchereignis überschattet worden: die bereits erwähnte Sonderausgabe der *Buddenbrooks* löste einen Boom aus, der den Büchermarkt förmlich erschütterte. Auch zu diesem Unternehmen ließ sich jedoch Fischer nur schwer bewegen; es bedurfte

Alfred Döblin
BERLIN ALEXANDER-PLATZ
DIE GESCHICHTE VOM FRANZ BIBERKOPF
S. Fischer Verlag
Von einem einfachen MANN wird hier erzählt, der in BERLIN am ALEXANDERPLATZ als Strassenhändler steht. Der MANN hat vor anständig zu sein, da stellt ihm das Leben hinterlistig ein Bein. Er wird betrogen, er wird in Verbrechen reingezogen, zuletzt wird ihm seine BRAUT genommen und auf rohe Weise umgebracht. Ganz aus ist es mit dem MANN FRANZ BIBERKOPF. Am Schluss aber erhält er eine sehr klare Belehrung:
MAN FÄNGT NICHT SEIN LEBEN MIT GUTEN WORTEN UND VORSÄTZEN AN, MIT ERKENNEN UND VERSTEHEN FÄNGT MAN ES AN UND MIT DEM RICHTIGEN NEBENMANN.
Ramponiert steht er zuletzt wieder am ALEXANDERPLATZ, das Leben hat ihn mächtig angefasst.
G. SALTER

Sitzung der Sektion für Dichtkunst, 28. Oktober 1929.
Von links nach rechts: Alfred Döblin, Thomas Mann,
Ricarda Huch, Bernhard Kellermann, Hermann Stehr,
Alfred Mombert, Eduard Stucken

monatelanger Überzeugungsarbeit Bermann Fischers und persönlicher Vorsprache Thomas Manns, ehe sich der Verleger dazu entschließen konnte, ein derart wichtiges Werk eines lebenden Autors, das sich ja auch in der gewöhnlichen Ausgabe noch gut verkaufte, zum Preis von 2,85 RM zu »verramschen«. Diese Spekulation, die auf eine Idee des Verlegers Adalbert Droemer zurückging, war in der Tat nicht ohne Risiko und konnte nur bei sehr hohen Verkaufsziffern aufgehen. Der Zeitpunkt indes war außerordentlich günstig, denn die Verleihung des Nobelpreises an Thomas Mann schuf dem Unternehmen zusätzliche Publizität. Und nicht nur die Möglichkeit, auch die Notwendigkeit derartiger Aktionen sollte sich bald erweisen: zwei Wochen nach Auslieferung der ›Volksausgabe‹ setzte mit dem New Yorker Börsenkrach ein weltweiter, katastrophaler Kaufkraftschwund ein, der sich nach wenigen Monaten auch auf dem deutschen Büchermarkt bemerkbar machte und radikale Verbilligung geradewegs erzwang. Nach dem ungeheuren Erfolg der *Buddenbrooks* brachten darum auch andere Verlage Ausgaben zu 2,85 RM, die neue Käuferschichten erschließen sollten, und Fischer selbst sah sich angesichts sinkender Verkaufsziffern genötigt, seinen »Einbruch in die konservative Preisgestaltung« fortzusetzen. Bis zum Jahre 1934 erschienen weitere achtzehn Sonderausgaben, darunter Kellermanns *Tunnel*, Hauptmanns *Insel der großen Mutter*, Thomas Manns *Königliche Hoheit*, Novellenbände von Schnitzler und Hesse sowie als weitaus erfolgreichster Titel *Das Gänsemännchen* von Jakob Wassermann. Im Oktober 1930, nach einer ablehnenden Stellungnahme des Deutschen Börsenvereins, rechtfertigte Bermann Fischer diese Verlagspolitik vor dem Schutzverband Deutscher Schriftsteller, wies aber zugleich ihre Grenzen auf:

Dieses wichtige Instrument des billigen Buches darf nicht wahllos benutzt werden. Es sind nur wenige Bücher, die dafür in Frage kommen. Es kann nicht die Rede davon sein, das gesamte Preisniveau des modernen Buches zu senken. Das neue Buch ist kein Massenartikel, lässt sich nicht mit Gewalt popularisieren. Nur jenes Buch lässt sich zum Volksbuch gestalten, das sich durch viele Jahre hindurch seinen Platz in der Literatur erworben hat und die Elemente der Massenwirkung in sich trägt.

THOMAS MANN / BUDDENBROOKS

Ungekürzte Sonderausgabe 2.85 in Ganzleinen

Es wurden ausgeliefert:

Das	1. bis	150. Tausend	am	7.	November	1929
Das	151. bis	200. Tausend	am	16.	November	1929
Das	201. bis	250. Tausend	am	23.	November	1929
Das	251. bis	300. Tausend	am	2.	Dezember	1929
Das	301. bis	350. Tausend	am	5.	Dezember	1929
Das	351. bis	400. Tausend	am	6.	Dezember	1929
Das	401. bis	450. Tausend	am	9.	Dezember	1929
Das	451. bis	500. Tausend	am	10.	Dezember	1929
Das	501. bis	550. Tausend	am	12.	Dezember	1929
Das	551. bis	600. Tausend	am	14.	Dezember	1929
Das	601. bis	650. Tausend	am	19.	Dezember	1929

Ab 28. Dezember 1929
wird ausgeliefert
das 651. bis 700. Tausend

Die Bestellungen werden auch weiterhin nach Maßgabe der Vorräte und in der Reihenfolge des Bestelleingangs erledigt

Auslieferung: Leipzig C1, Reclamstr. 42, für die Schweiz: Schweizerisches Vereinssortiment Olten

S. FISCHER VERLAG / BERLIN

In Wien vorrätig bei R. Lechner & Sohn, in Budapest bei Béla Somló, in Amsterdam bei Richard Bing

Dabei meinte der Begriff der »Massenwirkung« ein durchaus neues Phänomen, das sich vom bloßen »Erfolg« durch seinen extrem beschleunigten, explosiven Verlauf abhob. Bereits 1929 hatte Fischer in seinem ersten und einzigen Rundfunkvortrag *Von meiner Arbeit als Verleger* konstatiert, daß die mittlerweile breiteste Käuferschicht aus solchen Lesern bestehe, die sich vor allem für Erfolgsbücher interessierten, und auf diese Leser hofften nun die von der Wirtschaftskrise bedrohten Verlage.

Es zeigte sich jedoch bald, daß diese Bedrohung von anderer Qualität war als alles bisher Dagewesene. Die Krise mündete in ein ökonomisches Desaster: Massenarbeitslosigkeit, zahllose Firmenkonkurse und sogar Zusammenbrüche von Banken brachten auch manchen Verlag an den Rand des Ruins. Einige Verlage retteten sich durch Entlassungen, andere durch Fusion; kapitalkräftige Unternehmen kauften sich in kapitalschwächere ein. Obwohl von 1930 bis 1934 der Umsatz um ca. 80% zurückging, überstand der S. Fischer Verlag auch diese Zeit aus eigener Kraft; aber Sparmaßnahmen und Gehaltskürzungen trafen seine Mitarbeiter schwer, und auch die Autoren litten unter dem verminderten Absatz.

Die soziale und ökonomische Instabilität, die jene Generation noch vor der eigentlichen, der politischen Katastrophe durchlebte, ist heute schwer vorstellbar. Zwei Wirtschaftskrisen innerhalb eines Jahrzehnts, dazwischen fünf kurze Jahre der Prosperität – das durchkreuzte in Verlagen und Redaktionen jegliche langfristige Planung, und die im gesamten Kulturbetrieb jener Jahre zu beobachtende Kurzatmigkeit, die wachsende Bedeutung der »Saison«, rührt nicht zuletzt von dem schwankenden Boden, auf dem alles stand. Für zahlreiche Autoren resultierten daraus ungesicherte, häufig wechselnde Lebensverhältnisse, erzwungene Mobilität und drohende Verarmung. Stellvertretend für viele kann Otto Flake stehen, der über seine Einkünfte genau Buch führte und der daher als groteskes Beispiel jene Erfahrung der Ungesichertheit illustrieren mag: Im Jahre 1923 betrugen Flakes Honorareinnahmen 1 080 136 502 787 000 Mark; im Jahre 1932 honorierte Fischer den Absatz der inzwischen neunzehn Titel Flakes mit 7,96 Mark. »Der Nullpunkt war erreicht.«

1930–1936
Wirtschaftskrise und Diktatur
Die Spaltung des Verlags

Blättert man in den S. Fischer-Almanachen jener Notjahre oder in der 1930 begründeten, viermal jährlich erscheinenden Verlagszeitschrift ›S. Fischer Korrespondenz‹, so gewinnt man keineswegs den Eindruck krisenhaften Niedergangs. Die Buchproduktion dehnte sich aus, sie steigerte sich auf fünfzig Neuerscheinungen im Jahre 1932 und fiel erst unter dem Druck der Zensur wieder ab. Die Zeit der Massenauflagen allerdings war vorüber, und das Bestreben zahlreicher Verlage, das wirtschaftliche Risiko auf eine größere Zahl von Titeln zu verteilen, war, genau besehen, alles andere als ein Zeichen gesunder Expansion. Der Buchhandel setzte auf »Diversifizierung«, und S. Fischer schloß sich diesem Trend an. Sein Programm wurde vielfältiger, internationaler, jünger. Wollte der Verlag nicht den Zusammenhang mit zeitgenössischen Entwicklungen in Politik und Kultur verlieren, so durfte er ohnehin, wie Bermann Fischer bald erkannte, seine Arbeit nicht mehr in so hohem Maße auf die klassischen Werkeditionen ausrichten. Nach dem Tode Hofmannsthals (1929), Schnitzlers (1931) und Wassermanns (1934), deren Gesamtausgaben ergänzt wurden (u.a. Hofmannsthals *Andreas*-Fragment, 1932), waren von den großen, von Samuel Fischer jahrzehntelang geförderten Autoren nur noch drei am Leben: Gerhart Hauptmann, der 1932 mit dem Bühnenwerk *Vor Sonnenuntergang* seinen letzten wirklichen Erfolg feierte; Hermann Hesse, der in den dreißiger Jahren keine größere Arbeit vorlegte; und schließlich Thomas Mann, der Produktivste aus jenem Kreis, zugleich der einzige, dessen Wirkung und Ruhm sich stetig ausdehnten.

Neben dem von Bermann Fischer geförderten Sachbuchprogramm wurden rechtzeitig Kontakte zu jüngeren Autoren geknüpft, und noch in der Periode der wirtschaftlichen Erholung, etwa ab Mitte der zwanziger Jahre, erschienen zahlreiche neue Namen in S. Fischers Vorankündigungen, darunter nicht wenige mit Erstlingswerken. Der neunundzwanzigjährige Alexander Lernet-Holenia, der 1926 mit dem Schauspiel *Demetrius* nach Berlin kam, war bereits Träger des Kleist-Preises; seine Komödien, ab 1933 auch Romane und Erzählungen, erschienen fortan sämtlich im S. Fischer Verlag, und sie wirkten hier, nach dem Abschied von Hofmannsthal und Schnitzler und erst recht unter dem Druck des NS-Staats, als später und wehmütiger Nachhall des habsburgischen Österreich. 1927 brachte Fischer Werke von Hans Meisel (*Torstenson – Entstehung einer Diktatur*), Oktavia Wessel und Herbert Schlüter, schließlich den ersten Roman des jungen Hans Aufricht-Ruda, *Die Verhandlung gegen La Roncière*. 1928 gelang auch dem Fischer Bühnenvertrieb ein glücklicher Griff: Ferdinand Bruckners *Krankheit der Jugend* und das für die Simultanbühne geschriebene Stück *Die Verbrecher* wurden außerordentlich erfolgreich aufgeführt, und der bis dahin gänzlich unbekannte Autor (hinter dessen Name sich der Theaterdirektor Theodor Tagger verbarg) kam auch bald in den Genuß hoher Buchauflagen. Weitere vier Stücke folgten, darunter als bedeutendstes das auf allen großen europäischen Bühnen gezeigte Schauspiel *Elisabeth von England* (1930). Im März 1933 floh Bruckner nach Österreich; sein antifaschistisches Stück *Die Rassen* konnte in Deutschland nicht mehr gedruckt werden.

Ferdinand Bruckner

René Schickele, 1929

Das Jahr 1929 brachte vor allem den Erfolg von *Buddenbrooks* und *Berlin Alexanderplatz,* in deren Schatten aber wiederum einige jüngere Autoren bei Fischer debütierten. Von dem Seemann Heinrich Hauser erschienen ein Roman und eine mit eigenen Fotos illustrierte Ruhrgebiets-Reportage, von Walter Mehring ein Band *Gedichte, Lieder und Chansons* und das aufsehenerregende ›historische Schauspiel aus der deutschen Inflation‹, *Der Kaufmann von Berlin.* Von einem kleinen Hamburger Verlag übernahm Fischer vier Bücher des erst dreiundzwanzigjährigen Klaus Mann, er druckte dessen gemeinsam mit der Schwester Erika verfaßtes Reisebuch *Rundherum* und den Roman *Alexander.* Auch René Schickele erschien in diesem Jahr erstmals bei Fischer (mit dem Roman *Symphonie für Jazz*), und schließlich, als der unter den Jüngeren weitaus erfolgreichste, trat Manfred Hausmann in eine Verbindung zum Verlag, die sich als sehr dauerhaft erweisen sollte (u. a. *Salut gen Himmel*, 1929; *Abel mit der Mundharmonika*, 1932; *Jahre des Lebens*, 1938). Welche ästhetischen und persönlichen Gegensätze hier aufeinandertrafen, läßt sich

Klaus Mann

Manfred Hausmann

nicht nur an den Titeln selbst ablesen, die das breite Spektrum von Fischers Programm bezeugen, sondern auch an den späteren, beispielhaft divergierenden Schicksalen jener Autoren: während Hauser einige Jahre lang mit Hitler sympathisierte, führte Klaus Mann schon ab 1933 einen scharfen publizistischen Kampf gegen dessen Regime. Dagegen verhielten sich Hausmann und Schickele weitgehend unpolitisch – der eine in Deutschland, der andere im Exil.
Auch das Terrain fremdsprachiger Literatur konnte nur noch wenige Jahre ungestört von nationalistischer Zensur ausgedehnt werden. Die Präsentation bedeutender englischsprachiger Autoren wurde fortgesetzt, daneben machte sich nun aber auch ein – vermutlich von Bermann Fischer angeregtes – Interesse für französische Literatur bemerkbar: ab 1927 erschienen in Übersetzungen Werke von Romains, Mauriac, Maurois und Duhamel, das nahezu gesamte Romanwerk des Provenzalen Jean Giono sowie als wohl populärster Einzeltitel der Roman *Nachtflug* (1932) von Antoine de Saint-Exupéry. Die Ereignisse des Jahres 1933 brachten jedoch diese Bemühungen zum Stillstand, und fortan beschränkte man sich darauf, mit den bereits gewonnenen Verbindungen zur fremdsprachigen Literatur weiterzuarbeiten – soweit dies geduldet wurde.
Die starken sozialen Spannungen, die den Parteienstaat zusehends unterminierten, hatten sich unterdessen zu einem explosiven Zu-

stand verdichtet, der angesichts der düsteren Wirtschaftslage das Schlimmste befürchten ließ. Daß es an einer demokratischen Tradition fehlte, machten sich vor allem die Nationalsozialisten zunutze, die ebenso einfache wie gewaltsame Lösungen propagierten und damit den Hoffnungen breiter Bevölkerungsschichten entgegenkamen. Dies schlug sich keineswegs nur in den Wahlerfolgen der NSDAP nieder (1928: 2,6 %; 1930: 18,3 %; 1932: 37,4 %), sondern bereits lange zuvor in einer lautstarken Stimmungsmache, die immer aggressiver wurde und ihre Wirkung auch auf öffentliche Institutionen nicht verfehlte. Die Kultursphäre war eines der ersten Angriffsziele; Universitäten, Verlage, Zeitungen und Theater gerieten unter politischen Druck, und antisemitische Störaktionen (z. B. gegen Schnitzlers *Reigen*) dokumentierten frühzeitig die Entschlossenheit der Nationalsozialisten, erklärte oder vermeintliche Gegner gewaltsam zum Schweigen zu bringen. Als Thomas Mann nach dem deprimierenden Wahlergebnis vom September 1930 in seiner *Deutschen Ansprache* öffentlich dazu aufrief, die Sozialdemokratie zu unterstützen, kam es zu Handgreiflichkeiten, denen der Vortragende nur mit knapper Not entging.

Die politischen Vorgänge, die im Januar 1933 zur »Machtergreifung« Hitlers führten, sind hinlänglich bekannt. Zu diesem Zeitpunkt war jedoch die »Arisierung« und »Gleichschaltung« des kulturellen Sektors bereits in vollem Gange – so z. B. im Rundfunk, der bereits seit Sommer 1932 nationalistisch dominiert war –, und längst war deutlich geworden, auf welche kulturellen Institutionen sich das Augenmerk der neuen Herren richtete. Der S. Fischer Verlag war in mehrfacher Hinsicht gefährdet: erstens waren sein Begründer, dessen Nachfolger und mehrere seiner bedeutendsten Autoren jüdischer Herkunft; zweitens hatte der Verlag keinerlei ideologische Konzessionen gemacht, und zu seinen Autoren zählten überzeugte Demokraten und sogar Kommunisten.

Hitler war gerade fünf Tage im Amt, als bereits mit ›Notverordnungen‹ die Pressefreiheit eingeschränkt und die Beschlagnahme unerwünschter Druckerzeugnisse ermöglicht wurde. Das hatte zur Folge, daß schon jetzt zahlreiche Buchhändler nicht mehr wagten, die Bücher mißliebiger Verlage ins Schaufenster zu stellen. ›Schwarze‹ und ›Weiße Listen‹, Bücherverbrennungen und -verbote taten bald ein übriges, um den Handel einzuschüchtern. Bücher gingen »ballenweise« an den Verlag zurück, und Loerke mußte konstatieren,

[63202]. **S. Fischer Verlag Aktiengesellschaft, Berlin.**
Bilanz per 30. Juni 1933.

Aktiva.	RM	₰
Nicht voll eingezahltes Aktienkapital	225 000	—
Inventar	3 300	—
Umlaufvermögen:		
Warenbestände	185 916	82
Wertpapiere	577 969	75
Warendebitoren	169 128	53
Sonstige Debitoren	369 920	98
Wechselbestand	9 139	38
Kassenbestand einschließlich Postscheckguthaben	3 437	42
Bankguthaben	16 400	74
	1 560 213	62
Passiva.		
Aktienkapital	800 000	—
Reservefonds I	80 000	—
Erneuerungsrücklage	430 000	—
Hausunterstützungskasse	35 000	—
Delkredere	58 764	37
Warenkreditoren	68 283	76
Sonstige Kreditoren	34 471	54
Gewinnvortrag v. 1931/32	28 754	25
Reingewinn 1932/33	24 939	70
	1 560 213	62

Gewinn- und Verlustrechnung per 30. Juni 1933.

Verlust.	RM	₰
Löhne und Gehälter	298 527	45
Soziale Abgaben	9 532	29
Abschreibungen	78 125	63
Steuern	101 689	40
Sonstige Unkosten	278 527	10
Gewinnvortrag a. 1931/32	28 754	25
Gewinn 1932/33	24 939	70
	820 095	82
Gewinn.		
Verlagserlös	687 519	73
Zinsen	75 675	28
Kursgewinn	28 146	56
Gewinnvortrag a. 1931/32	28 754	25
	820 095	82

Berlin, den 30. Juni 1933.
S. Fischer Verlag Aktiengesellschaft.
Der Vorstand.

Bilanz der S. Fischer Verlag Aktiengesellschaft, 1933

der Absatz sei plötzlich »wie abgeschnitten«. Die Frage drängte, was nun mit dem Verlag, der auf diese Weise erstickt zu werden drohte, geschehen solle.

Zunächst hing dies vom Willen S. Fischers ab, der zwar die praktische Leitung des Verlags bereits vollständig seinem Schwiegersohn überlassen hatte, dessen Zustimmung jedoch erforderlich war, um Standort oder Rechtsform des Verlags zu ändern. Da S. Fischer von der politischen Gefährdung des Verlags und vom Ernst der antisemitischen Verlautbarungen nicht zu überzeugen war, kam eine Auswanderung vorerst nicht in Betracht. Dieser Plan wäre jedoch auch von unabsehbarer Konsequenz für die Autoren gewesen, deren sehr unterschiedliche Interessen und Schicksale die Entscheidung erschwerten.

In mannigfacher Weise waren die Autoren von den Pressionen des Regimes betroffen. Ihre Interessenvertretung, der Schutzverband Deutscher Schriftsteller, wurde gleichgeschaltet und in eine Zwangsorganisation umgewandelt, die der Reichsschrifttumskam-

Gottfried Bermann-Fischer, Hermann Hesse und Samuel Fischer in Montagnola, 1933

mer und damit dem Propagandaministerium unterstellt war. Wer seinen Austritt erklärte, begab sich jeglicher Publikationsmöglichkeit. Bücher, die auf Schwarzen Listen aufgeführt waren, verschwanden aus Handel und Bibliotheken – so z. B. Werke von Döblin und Dos Passos, Schnitzler, Wassermann und Klaus Mann. Noch wirksamer war die öffentliche Ächtung durch unmittelbare Vernichtung des Werks – am 10. Mai brannten auch zahllose Bücher aus dem Verlag S. Fischer, darunter solche von Döblin, Kellermann, Beer-Hofmann und Schnitzler, nicht zuletzt die politischen Schriften Thomas Manns. Die nach dem Reichstagsbrand vom 27. Februar einsetzende Welle von Verhaftungen zwang zu Flucht und Exil: Leonhard Frank (dessen Roman *Von drei Millionen drei* 1932 bei S. Fischer erschienen war), Alfred Döblin, Klaus Mann und Alfred Kerr verließen Deutschland und publizierten fortan beim Querido Verlag in Amsterdam. René Schickele blieb in Sanary-sur-Mer bei Nizza; Thomas Mann kehrte von einer Vortragsreise nicht mehr nach München zurück (wo anläßlich seines Essays *Leiden und Größe Richard Wagners* eine Kampagne gegen ihn entfesselt worden war) und ließ sich zunächst ebenfalls in Sanary-sur-Mer nieder, ab September in Küsnacht bei Zürich.

Die Alternative, vor die sich Autoren und Verlage jetzt gestellt sahen, war im Grunde dieselbe: Exil und Widerstand bedeuteten eine radikale Einschränkung der literarischen Wirkungsmöglichkeiten und den Verlust des deutschen Lesepublikums; die Weiterarbeit in Deutschland dagegen war mit Kompromissen und äußerer Anpassung zu bezahlen, sie ließ aber die Hoffnung, wenigstens einen Teil des literarischen Erbes retten und dem »völkischen« Schrifttum entgegenstellen zu können. Dieses Bestreben, der NS-Literatur nicht kampflos das Feld zu räumen, war auch ausschlaggebend für den Entschluß Bermann Fischers, die ›Neue Rundschau‹ trotz der notwendigen Selbstzensur fortzuführen. Im Dezember 1932, also noch kurz vor der »Machtergreifung«, übertrug er Peter Suhrkamp die redaktionelle Leitung der Zeitschrift – eine Entscheidung, die sich als sehr folgenreich für den Verlag erweisen sollte.

Peter (eigentlich Johann Heinrich) Suhrkamp war einundvierzig Jahre alt; er hatte am Ersten Weltkrieg teilgenommen, hatte an der Odenwaldschule und an der Freien Schulgemeinde Wickersdorf unterrichtet, er war Theaterregisseur in Darmstadt gewesen und zuletzt Redakteur des Literaturmagazins ›Uhu‹ beim Ullstein Verlag. Für den Autodidakten und Einzelgänger, dem eigene schriftstellerische Versuche fehlgeschlagen waren, erfüllte sich nun der Wunsch nach unabhängigem und praktischem Umgang mit Literatur. Für S. Fischer wiederum, den Suhrkamp seit langem als den Verleger einer europäischen Moderne schätzte, kam ein Mitarbeiter zur rechten Zeit, dessen vielfach bezeugte Integrität den politischen Anfeindungen in den kommenden Jahren standhalten würde.

Suhrkamp trat im Herbst 1933 auch in den Aufsichtsrat der Verlags-AG ein, und trotz manchen Augenblicks, da Zensur und Einstellungsverfügungen eine Weiterarbeit scheinbar sinnlos machten und an Kündigung denken ließen, blieb Suhrkamp schließlich – wie er später äußerte – am Verlag »hängen«.

Peter Suhrkamp, um 1934

Die Beeinträchtigungen der Verlagsarbeit waren vielfältig und zwangen zu ständigem Abwägen taktischer Maßnahmen, die dem Ansehen des Verlags vor allem im Ausland schadeten. Die Rücknahme einer mutigen, den Juden gewidmeten Fußnote in Annette Kolbs Roman *Die Schaukel* (1934) löste Polemiken in Exilzeitschriften aus. Aber auch schwere persönliche Opfer wurden erbracht; so unterzeichnete z. B. Oskar Loerke auf Bitten der Verlagsleitung eine Loyalitätserklärung, die den Mitgliedern der Preußischen Akademie der Künste »im Sinne der veränderten geschichtlichen Lage« abverlangt wurde – und dennoch wurde Loerke zwei Tage später seines Amtes als Sekretär enthoben. Ähnliches wiederholte sich im Reichsverband Deutscher Schriftsteller. Auch das Durchforschen von Manuskripten nach Formulierungen, die eine Beschlagnahme auslösen könnten, war demütigend – eine Selbstzensur, die ihres Erfolges nicht einmal sicher sein konnte, wie etwa Harry Graf Kesslers *Gesichter und Zeiten* bewies: dieser erste Band der *Erinnerungen* durfte im Sommer 1935 erscheinen und wurde im Dezember verboten.

Immer wieder wurden die Autoren ermahnt, die Machthaber nicht offen herauszufordern, um den Verlag nicht zu gefährden; trotzdem kam es zu Hausdurchsuchungen, von denen auch Fischers Grunewaldvilla nicht verschont blieb. Am einfachsten noch war die Entscheidung, wenn es um geächtete Autoren ging: ein Nachdruck verbrannter Bücher (von denen einige allerdings noch am Lager gehalten wurden) hätte den Vorwand zur Beschlagnahme des Verlags gegeben und hatte daher zu unterbleiben – mit der charakteristischen Ausnahme Kellermanns, für den ein Arier-Nachweis beschafft werden konnte und der dann bis 1941 weiter in Berlin verlegt wurde. Auf manches mußte verzichtet werden – so etwa auf Kracauers bereits voraushonorierten Roman *Georg* –, anderes erschien unter Pseudonym: Karl Jakob Hirsch, dessen satirischer Roman *Kaiserwetter* (1931) auf der Schwarzen Liste stand, brachte als ›Karl Böttner‹ den Roman *Felix und Felicia* (1933); und von Friedrich Heydenau, der in Wahrheit Friedrich Oppenheimer hieß, erschien 1935 der Roman *Hejo und Hila*.

Hermann Hesse und zunächst auch Thomas Mann verzichteten darauf, offen gegen das Naziregime Stellung zu beziehen. Vor allem

die Zurückhaltung Thomas Manns, der zwar aus der Akademie ausgetreten war, aber weiter in Deutschland publizieren wollte, bestimmte auch Bermann Fischer zu dem Versuch, jenes Regime, dessen baldiges Ende von vielen erwartet wurde, in Berlin zu überdauern. Seit Sommer 1932 lagen die Manuskripte der ersten beiden Bände des *Joseph*-Romans abgeschlossen vor, aber Thomas Mann, der sogleich die Arbeit am dritten und vermeintlich letzten Band aufnahm, verzögerte die Publikation, um das Werk »auf einmal hinzustellen«. Dieser Plan erwies sich jedoch als undurchführbar. Als der erste Band endlich in Druck ging, mußte sich zeigen, ob das weltweite Ansehen eines Autors in Deutschland noch geltend zu machen war: im Oktober 1933, zu einem Zeitpunkt, da Thomas Manns Vermögen längst beschlagnahmt und sogar »Schutzhaftbefehl« gegen ihn ausgestellt war, erschienen *Die Geschichten Jaakobs* im Rahmen der *Gesammelten Werke in Einzelausgaben.* Die Erstauflage von 10000 Exemplaren, die zum Teil unterm Ladentisch verkauft wurde, war innerhalb einer Woche vergriffen, und noch vor Weihnachten folgten weitere drei Auflagen von je 5000 Exemplaren sowie mehrere Übersetzungen im europäischen Ausland. Tatsächlich wurde das Buch nicht verboten. Es zeigte sich auch, daß die Nazis den Transfer der dringlich erwarteten Honorare noch nicht behinderten (später wurden die »Devisengenehmigungen« durchweg schikanös gehandhabt), und so wurde der Versuch fortgesetzt: im April 1934 erschien *Der junge Joseph,* obgleich Thomas Mann sich mittlerweile geweigert hatte, das Eintrittsformular des Reichsverbands Deutscher Schriftsteller zu unterzeichnen. Von der gleichgeschalteten Kritik wurde auch dieser Roman verrissen, und überdies löste Thomas Manns erste Amerika-Reise eine neue Welle »wüster Schimpfereien« aus. Trotzdem bestand Bermann Fischer darauf, die Gesamtausgabe fortzuführen: im März 1935 folgte der Essay-Band *Leiden und Größe der Meister,* der den heftig angefeindeten Aufsatz *Leiden und Größe Richard Wagners* enthielt; doch auch gegenüber diesem Buch wurde die von Thomas Mann allmählich als quälend empfundene Taktik des »Halb-Boykotts« fortgesetzt. Allerdings hatte sich unterdessen die Situation der noch in Deutschland arbeitenden jüdischen Verlage deutlich verschlechtert, und nachdem sich Thomas Mann im Februar 1936 erstmals eindeutig zu den vertriebenen Autoren bekannt hatte, mußte mit einer Beschlagnahme seines Werks, die ein formelles Verbot keineswegs voraussetzte, je-

derzeit gerechnet werden. Noch im selben Jahr wurde er offiziell ausgebürgert, und der Essay-Band blieb, nach siebenunddreißig Jahren der Zusammenarbeit, Thomas Manns letzte Veröffentlichung im alten S. Fischer Verlag.
Es blieb Samuel Fischer erspart, die allmähliche Auflösung so vieler von ihm gestifteter Verbindungen noch bewußt erleben zu müssen. Seine geistige Spannkraft hatte nachgelassen, er verbrachte jetzt nur noch wenige Stunden täglich im Verlag, um persönliche Korrespondenzen mit Autoren zu erledigen. Im August 1934 erkrankte er während eines Aufenthalts im Schwarzwald schwer, er wurde nach Berlin gebracht und starb dort am 15. Oktober im Alter von 74 Jahren. Zur Beisetzung am 18. Oktober versammelten sich nur etwa hundert Menschen – ein Abschied im engsten Kreis, begleitet von den Grabreden Hausmanns und Loerkes und den knappen Mitteilungen einiger deutscher Blätter. Zu einem Zeitpunkt, da die antisemitische Demagogie bereits zur tödlichen Bedrohung angeschwollen war, durfte freilich die Leistung eines Juden, der fast ein halbes Jahrhundert lang den bedeutendsten literarischen Verlag Deutschlands geleitet hatte, öffentlich nicht mehr anerkannt wer-

den. Die ›Neue Rundschau‹ brachte ein Sonderheft mit Beiträgen von siebzehn Autoren, und nur die ›Kölnische Zeitung‹ und das Feuilleton der ›Frankfurter Zeitung‹ wagten eine ausführliche Würdigung: hier erschien Otto Flakes Aufsatz *Einem Verleger zum Gedächtnis*.

Die Entscheidung über den Fortbestand des Unternehmens, von dem ja keineswegs nur die Autoren, sondern auch etliche jüdische Angestellte abhängig waren, lag nun bei Hedwig Fischer, die Eigentümerin des Verlags geworden war, und bei Gottfried Bermann Fischer. Diese Entscheidung wurde von Monat zu Monat schwieriger. Abgesehen von den politischen Pressionen war der technische Ablauf der Produktion – etwa bis zur Zeit von S. Fischers Tod – nahezu unbehelligt geblieben. Seit April 1933 gab es sogar wieder eine billige Buchreihe, die unter dem Titel ›S. Fischer-Bücherei‹ in Konzeption und Ausstattung an die berühmte ›Bibliothek zeitgenössischer Romane‹ von 1908 anknüpfte. Bereits in den ersten beiden (von insgesamt acht) Jahrgängen erschienen fünfzehn in Leinen gebundene Bände, durchweg Werke geringeren Umfangs, u. a. von Conrad, Hesse, Thomas Mann, Kellermann und Giono. Daneben erschien 1933 Hermann Brochs Roman *Die unbekannte Größe*, 1934 auch wieder ein bedeutendes Sachbuch: die Memoiren des ehemaligen britischen Premierministers David Lloyd George, *Mein Anteil am Weltkrieg* (1. und 2. Teil, der 3. Teil folgte 1936).

Daß diese Aktivitäten jedoch nur noch begrenzte Zeit geduldet werden würden, war allen Verlagsangestellten bewußt. Denn erfahrungsgemäß war die nationalsozialistische Kulturpolitik beeinflußbar nur, soweit es den einzelnen Autor oder das einzelne Werk betraf – hier gab es fließende Grenzen, und was unerwünscht war, war darum noch nicht verboten –, jedoch in bezug auf das jüdische Zeitungs- und Verlagswesen war das Ziel, Enteignung und »Arisierung«, längst deutlich geworden. Diese Enteignungen geschahen fast stets unter dem Mantel der Legalität, als Zwangsverkäufe, die den Nazis gestatteten, den guten Ruf der Unternehmen für ihre eigenen Produkte zu nutzen – so geschah es dem Ullstein Verlag, der im Sommer 1934 von einem Strohmann zu 20 % des Werts aufgekauft wurde. Auch der S. Fischer Verlag sollte nicht geschlossen, sondern in »zuverlässige« Hände übergeben werden – eine Drohung, die nun Bermann Fischer dazu nötigte, seinerseits nach einer erträglichen Lösung zu suchen. In Verhandlungen mit dem Propagandaministerium erreichte er im Frühjahr 1935 eine Vereinbarung, die die Teilung des Verlags vorsah: Bermann Fischer sollte mit den Rechten und den bereits gedruckten Werken unerwünschter Autoren Deutschland verlassen (natürlich mit deren Zustimmung), der übrige Teil des Verlags sollte unter altem Namen, aber neuer Leitung in Berlin weiterarbeiten. Da die mehr als einjährige Suche nach einem geeigneten Käufer ergebnislos blieb – mittlerweile wurden die Nürnberger Rassegesetze verkündet, die Zeit drängte –, wurde schließlich auf Vermittlung von Hermann Josef Abs, dem damaligen Leiter des Bankhauses Delbrück-Schickler, die von Philipp Reemtsma, Christoph Rathjen und Clemens Abs finanzierte S. Fischer Verlag KG gegründet. Diese erwarb 60% der Aktien von Hedwig Fischer und bestellte Peter Suhrkamp zum persönlich haftenden Gesellschafter und Leiter des neuen Verlags.

Damit war vorläufig sichergestellt, daß der in Deutschland verbleibende Teil des Verlags nicht einem NS-Handlanger zufiel, unter dessen Leitung Peter Suhrkamp seine Arbeit keinesfalls fortgesetzt hätte. Wichtiger noch war aber, daß die Rechte an den Werken zahlreicher Autoren dem deutschen Zugriff von nun an entzogen waren: Bermann Fischer brachte sie sogleich in eine Schweizer Holdinggesellschaft ein, als deren Lizenznehmer seine künftigen Auslandsverlage operierten. Die Gründung eines Verlags in der Schweiz wurde ihm allerdings versagt: der Schweizerische Buchhändlerverein fürchtete allzu starke Konkurrenz, und auch politische Rücksichtnahme auf den übermächtigen Nachbarn trug zu der überraschenden (und viele Autoren verärgernden) Abweisung bei. Bermann Fischer wandte sich nach Wien und konnte dort im Juli 1936 die ihm zugesprochenen Buchbestände in Empfang nehmen – nahezu 800000 Exemplare, die den Grundstock der neugegründeten Bermann Fischer Verlag Ges.m.b.H. bildeten. Es war, wie sich zeigen sollte, die wohl letztmögliche Gelegenheit zu einer derartigen Transaktion; der Verleger Bruno Cassirer, der erst 1938 emigrierte, mußte sein gesamtes Buchlager zurücklassen. Unter der Voraussetzung, daß Bermann Fischer zu anderen Exilverlagen Distanz hielt, blieb auch der Zugang zum deutschen Büchermarkt vorläufig geöffnet: das Werk der meisten nichtjüdischen Autoren durfte nach Deutschland exportiert werden, darunter erstaunlicherweise auch das Thomas Manns (siehe Kasten). Damit war der Wiener Verlag ökonomisch gesichert, und man konnte hoffen, das Erbe des gespaltenen S. Fischer Verlags eines Tages, nach dem Ende des ›Tausendjährigen Reichs‹, wieder zusammenfügen zu können. Daß die Zeit der gewaltsamen Verfolgung erst noch bevorstand, ahnten viele – doch wenige wollten es wahrhaben.

Die vom S. Fischer Verlag, Berlin, übernommenen Autoren des BERMANN-FISCHER VERLAG, Wien

Vertrieb in Deutschland erlaubt:	Vertrieb in Deutschland verboten*:
Peter Altenberg	Alfred Döblin
Richard Beer-Hofmann	Arthur Holitscher
Alice Berend	Alfred Kerr
Martin Gumpert	Harry Graf Kessler
Moritz Heimann	Arthur Schnitzler
Friedrich Heydenau	Siegfried Trebitsch
Hugo von Hofmannsthal	Jakob Wassermann
Marta Karlweis	
Annette Kolb	
Mechthilde Lichnowsky	
Thomas Mann	
André Maurois	
Carl Rössler	
Bernard Shaw	
Carl Zuckmayer	

* Das Werk René Schickeles, dessen Vertrieb nach Deutschland ebenfalls untersagt wurde, erschien ab 1936 im Verlag Allert de Lange, Amsterdam.

1936–1945
Äußere und Innere Emigration
Wien, Stockholm, New York – Berlin

Bermann Fischers Plan, sein neues, in Deutschland mißliebiges Verlagsunternehmen ausgerechnet in Wien anzusiedeln, muß im Lichte der späteren politischen Ereignisse als gewagt erscheinen. In Österreich waren sämtliche Parteien verboten, das autoritäre Regime Schuschniggs stützte sich auf eine »Einheitsbewegung« und suchte den Ausgleich mit Hitler. Auf den »Anschluß« ans Reich hatte Österreich 1932 zwar formell verzichtet – aber was besagte das, wenn immer breitere Schichten der Bevölkerung auf eine wirtschaftliche Sanierung nach dem Muster Deutschlands hofften, und sei es unter Preisgabe der politischen Souveränität.
Diese offenkundige Gefahr einer deutschen Okkupation Österreichs wurde in Europa durchaus wahrgenommen, und sie hatte unmittelbare Folgen auch für Bermann Fischer: der Londoner Verlag William Heinemann, mit dem die Gründung eines Gemeinschaftsverlags vereinbart worden war, zog sich zurück, als der Plan einer Schweizer Niederlassung scheiterte und Bermann Fischer nach Österreich auswich. Der Verlag sollte, trotz des damit verbundenen erheblichen Risikos, innerhalb des deutschen Sprachraums verbleiben – eine Entscheidung, die schließlich nur im Zusammenhang der gesamten Exilsituation zu bewerten ist. Denn auch die mehr als zweitausend Autoren, die aus Deutschland emigrierten, waren zunächst bestrebt, eine völlige kulturelle Entwurzelung und die damit einhergehende drastische Beschränkung der Wirkungs- und Verdienstmöglichkeiten zu vermeiden. Sie siedelten sich in Mitteleuropa an – Zentren der Emigration waren Paris, Zürich, Prag und Wien – und arbeiteten weiter »mit dem Gesicht nach Deutschland«, in das sie bald zurückzukehren hofften. Bermann Fischer folgte ähnlichen Überlegungen; für ihn war, ebenso wie für die meisten Autoren, der deutsche Büchermarkt noch immer das materielle wie ideelle Ziel aller Tätigkeit, und eine Verlagsgründung in größe-

rer Entfernung, geschweige in Übersee, schien 1936 nicht nur ihm unvorstellbar.

In einem aus sechs Räumen bestehenden Büro, mit Bermann Fischer als einzigem Gesellschafter und dem enzyklopädisch gebildeten Musikkritiker Viktor Zuckerkandl als Lektor, nahm der Wiener Verlag seine Tätigkeit auf. Das erste Buch mit dem neuen Verlagssignet wurde im Juli 1936 ausgeliefert: Thomas Manns Festrede *Freud und die Zukunft*, die anläßlich des 80. Geburtstags Sigmund Freuds im Wiener Konzerthaus-Saal mit »brausendem Erfolg« vorgetragen worden war – eine Veranstaltung, die in Deutschland längst nicht mehr möglich gewesen wäre. Im Oktober dann erschien der dritte Band der *Joseph*-Tetralogie, dessen Erstauflage von 10000 Exemplaren nach sechs Wochen vergriffen war, obwohl allen deutschen Zeitungen eine Besprechung von *Joseph in Ägypten* ausdrücklich untersagt wurde. Dieser Erfolg schien die schlimmsten (und, wie sich später zeigen sollte, berechtigten) Bedenken des Autors wie des Verlegers jedenfalls vorläufig zu entkräften.

Insgesamt zehn Neuerscheinungen zählte das erste Herbstprogramm, darunter das Bühnenwerk *Kein Krieg in Troja* von Jean Giraudoux. Erst im folgenden Jahr jedoch konnte Bermann Fischer

eine dem Berliner Verlag vergleichbare Aktivität entfalten: unter den achtundzwanzig Titeln des Jahres 1937, die in einem eigenen Jahrbuch *Die Rappen* vorgestellt wurden, figurierten Werke von Rudolf Borchardt, Paul Claudel, Annette Kolb, Arthur Schnitzler und Paul Valéry sowie eine Erzählung von Carl Zuckmayer, der nach dem Verkauf des Ullstein-Verlags zu S. Fischer gewechselt war. Hugo von Hofmannsthal und Vincent van Gogh waren mit Briefbänden vertreten, und eine Auswahl aus dem Werk Moritz Heimanns

Carl Zuckmayer, 1932

(*Die Spindel*) erinnerte an den einstigen Lektor des Verlags. Die anfangs recht schmale Kapitalbasis konnte durch Erschließung neuer Märkte wesentlich erweitert werden: auch in England, der Tschechoslowakei, in Ungarn und Polen wurden zunehmend deutschsprachige Bücher gekauft, denn der Strom der jüdischen Flüchtlinge, von denen überproportional viele zum gebildeten Bürgertum gehörten, schwoll jetzt rasch an. Der Erfolg der Biografie *Madame Curie*, verfaßt von Marie Curies Tochter Eve und binnen eines halben Jahres in 36000 deutschen Exemplaren verbreitet, ermöglichte

Bermann Fischer auch riskantere Unternehmungen wie z.B. die Übernahme von Musils Hauptwerk *Der Mann ohne Eigenschaften* (Band 1 und 2). Musil, der bisher von Rowohlt verlegt worden war, jedoch in Deutschland kaum noch Publikationschancen hatte, war auf Honorarvorschüsse dringend angewiesen; gleichwohl konnte er den Abschluß des Romans nicht in Aussicht stellen und war verärgert, als Bermann Fischer einen dritten Band als »in Vorbereitung« befindlich ankündigte. Zu dieser Fortsetzung kam es jedoch nicht

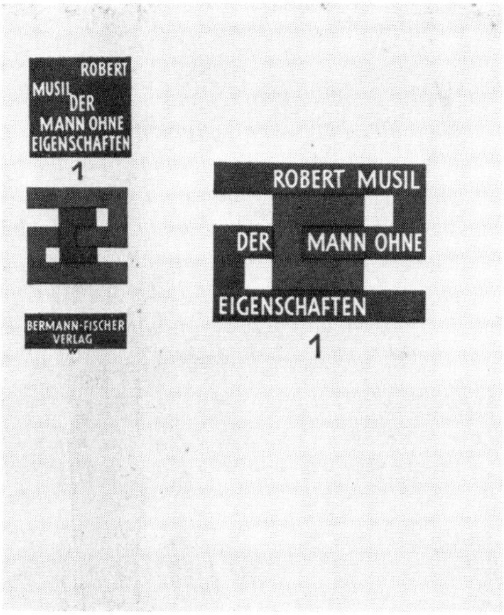

mehr. *Der Mann ohne Eigenschaften* blieb unvollendet; erst 1943 erschien der dritte Teil als Nachlaßband in einem Schweizer Verlag. Gemessen an den zahllosen, vor allem durch die deutschen Behörden verursachten Schwierigkeiten und Unwägbarkeiten etablierte sich der Wiener Verlag erstaunlich rasch. Das Niveau des Programms stand hinter dem des alten S. Fischer Verlags keineswegs zurück, und selbst für kulturpolitische Aufgaben wie die der *Neuen Rundschau* (die weiterhin in Berlin erschien) wurde ein neues Forum geschaffen: die Schriftenreihe ›Ausblicke‹ sammelte essayistische

Beiträge hohen Ranges, darunter Musils Rede *Über die Dummheit* und Claudels *Vom Wesen der holländischen Malerei*. Diese Erfolge wurden allerdings um den Preis weitgehender politischer Zurückhaltung erkauft; auf Texte, die sich expressis verbis gegen das Nazi-Regime richteten, verzichtete Bermann Fischer gänzlich. Daß ihm dies im Falle einer direkten deutschen Intervention wenig nützen würde, war allen Beteiligten klar; nicht nur das kritisch-politische, sondern überhaupt jedes freie und erst recht das von Juden geäußerte Wort war in Deutschland verhaßt, und immer seltener begnügte man sich mit dem bloßen Verbot.

Am 11. März 1938 endete die Arbeit des Wiener Verlags abrupt. Deutsche Truppen marschierten in Österreich ein, und die ihr unmittelbar folgende Gestapo begann sogleich mit Massenverhaftungen. Dieses brutale Vorgehen ließ weitere Verhandlungen zur Rettung des Verlags nicht mehr zu; Bermann Fischer und seine Familie flohen mit einem der letzten unkontrollierten Züge nach Italien und von dort weiter nach Zürich, und einige seiner Autoren, so z. B. Zuckmayer und Musil, mußten denselben Weg nehmen. Diesmal blieb alles zurück: die persönliche Habe, der Verlag und vor allem das umfangreiche Buchlager, das mit seinen Hunderttausenden von Exemplaren das eigentliche Betriebskapital darstellte. Der Verlag und die ausgedruckten Bücher wurden beschlagnahmt und gingen in »kommissarische« Verwaltung über; in den letzten Tagen des Zweiten Weltkriegs wurden die gesamten Bestände vernichtet. Allein die bereits nach Deutschland ausgelieferten Bände gelangten noch in den Handel: sie wurden von den Nazis verramscht, verstopften Warenhäuser und Antiquariate und behinderten sogar noch Suhrkamps Arbeit in Berlin.

In Bermann Fischers Hand waren nun einzig die Autorenrechte verblieben, die glücklicherweise in der Schweiz deponiert waren. Diese Rechte drohten aber hinfällig zu werden: die Lieferbarkeit der Werke war vertragliche Verpflichtung des Verlegers, und der Autor (oder dessen Erben) konnte den Vertrag kündigen, wenn seine Bücher aus dem Handel verschwanden – aus welchen Gründen auch immer. In mindestens zwei schwerwiegenden Fällen wurde eine derartige Kündigung tatsächlich erwogen: Christiane Zimmer, geborene von Hofmannsthal, richtete dringliche Anfragen an Bermann Fischers Anwalt, was nun mit dem Werk ihres Vaters (das in Deutschland als »arisch« anerkannt war) geschehen solle. Und im

Stefan Zweig

April 1934 schlug auch Thomas Mann, der wegen der Annexion Österreichs seinen Wohnsitz in die Vereinigten Staaten verlegt hatte, eine Trennung vor: der neuerliche Aufbau eines europäischen Verlags, ohne die Chance des Buchvertriebs in Deutschland, erschien ihm ausgeschlossen, und die Gründung eines Exilverlags in den Vereinigten Staaten mußte seiner Ansicht nach daran scheitern, daß man dort Bermann Fischer für politisch kompromittiert hielt.
Der Verleger, für den die Präsentation von Thomas Manns Werk noch immer das bei weitem wichtigste Anliegen war, mußte nun rasch handeln, er mußte auf dem Büchermarkt in Erscheinung treten. Noch im April 1938 gewann er den schwedischen Verleger Bonnier als finanzstarken Partner, mit dem er, trotz des nunmehr beträchtlich geschrumpften Vertriebsgebietes, sein Unternehmen fortführen konnte. Der Bermann-Fischer Verlag wurde in Stockholm neu begründet, und es wurde beschlossen, Herstellung und Auslieferung gemeinsam mit den Exil-Verlagen de Lange und Querido in Holland zu organisieren. Bei mehrfachen Besuchen in London gelang es, Verträge mit weiteren prominenten Exilanten abzuschließen, deren österreichische Verlage gleichfalls beschlagnahmt worden waren: Stefan Zweig (nach dem Ausscheiden aus dem Insel

Verlag im Verlag Herbert Reichner) erschien 1938 mit *Ungeduld des Herzens* im Gemeinschaftsverlag Bermann Fischer–Allert de Lange; dieser Roman war zugleich der erste Band einer Gesamtausgabe, die bei Kriegsende sechs Bände umfaßte (u. a. *Die Welt von Gestern*, 1942; *Sternstunden der Menschheit*, 1943). Auch Franz Werfel (bisher beim Zsolnay-Verlag) wurde Autor Bermann Fischers, der nicht nur dessen neue, erfolgreiche Titel publizierte (u. a. *Der veruntreute Himmel*, 1939; *Das Lied von Bernadette*, 1941; *Jacobowsky und der Oberst*, 1944), sondern auch sämtliche älteren Werke nachdruckte. Schließlich wurde auch mit den Erben Hugo von Hofmannsthals eine Übereinkunft erzielt, und ein neuer Vertrag schuf die Voraussetzung für die späteren großen Gesamtausgaben.

Franz Werfel

Es war eine Zeit verwickelter, zum Teil unklarer verlagsrechtlicher Beziehungen, und die politischen Zustände zeitigten auch auf dem Büchermarkt die sonderbarsten Erscheinungen. So war etwa die deutsche Übersetzung von *Madame Curie* im Herbst 1938 in zwei Ausgaben im Handel: die eine war das Debüt des Bermann-Fischer Verlag Aktiebolag, Stockholm, die andere eine »Gestapo-Ausgabe« des beschlagnahmten Bermann-Fischer Verlags in Wien, der nun zur Devisenbeschaffung mißbraucht wurde. Im übrigen mußte

Bermann Fischer bald zur Kenntnis nehmen, daß er vom deutschen Lesepublikum zwar weit, vom Zugriff des deutschen Regimes aber noch immer nicht weit genug entfernt war: aus Thomas Manns Essaysammlung *Achtung, Europa!* – das zweite Buch des Stockholmer Verlags – mußte aus Rücksicht auf die zweischneidige Neutralitätspolitik Schwedens der Aufsatz *Bruder Hitler* herausgelöst werden.

Trotz der jetzt erheblich erschwerten Bedingungen des Vertriebs erreichte der Stockholmer Verlag (als dessen Lektor Viktor Zuckerkandl seine Tätigkeit fortsetzte) bald Umsatzziffern, die denen der Wiener Zeit vergleichbar waren. Noch im Jahre 1938 erschienen zwölf Titel, darunter neben Werken von Zweig, Werfel und Thomas Mann auch zwei von Zuckmayer. Die Schriftenreihe ›Ausblicke‹ konnte fortgeführt werden, und gemeinsam mit den holländischen Verlagen wurde eine neuartige Buchreihe konzipiert: die ›Forum‹-Bücher, die in Drucktechnik und Ausstattung den späteren Taschenbüchern bereits recht nahe kamen. Zwölf Titel dieser Reihe wurden 1939 ausgeliefert, darunter Wassermanns *Caspar Hauser* und Annette Kolbs Debüt bei S. Fischer, der Roman *Das Exemplar* von 1913. Vor allem aber brachte das Jahr 1939 – neben einer Arbeit Ernst Cassirers über *Descartes* – das große Unternehmen der ›Stockholmer Gesamtausgabe‹, mit der Bermann Fischer dokumentierte, daß die schwedische Niederlassung durchaus mehr sein sollte als eine Interims-Lösung.

Was Thomas Mann befürchtet hatte, war eingetreten: seine mittlerweile auf fünfzehn Bände angewachsene deutsche Gesamtausgabe war seit mehr als einem Jahr aus dem Handel verschwunden, da die Bestände beschlagnahmt waren und Nachdrucke ausblieben. Um diesem Mißstand abzuhelfen, vereinbarte er mit Bermann Fischer den Aufbau einer neuen, der sogenannten ›Stockholmer‹ Ausgabe, die nicht mehr in Fraktur, sondern in Antiqua gesetzt wurde, um den Zugang zum internationalen Markt zu erleichtern. Dieses Projekt stand jedoch unter den denkbar schlimmsten Vorzeichen; noch vor der Auslieferung des ersten Bandes erfolgte der deutsche Überfall auf Polen, und es hatte fast etwas Absurdes, inmitten des großen europäischen Krieges, der nun unweigerlich folgen mußte, die Gesamtausgabe eines deutschen Exilanten verkaufen zu wollen. Dennoch erschienen noch im Herbst 1939 die ersten beiden Titel: *Der Zauberberg* mit dem eindrucksvollen Vermerk »143. Auflage«, sowie der Roman *Lotte in Weimar*, dessen Manuskript auf abenteuerlichen Umwegen von Princeton nach Stockholm gelangt war. Zahlreiche Bestellungen vor allem aus der Schweiz ermöglichten Auflagen von immerhin 6000–8000 Exemplaren. Die mit dem Krieg

THOMAS MANN

DER
ZAUBERBERG

ROMAN

II

Das weltberühmte Werk
in der
Stockholmer Gesamtausgabe

143. Auflage

BERMANN-FISCHER VERLAG
STOCKHOLM

einsetzenden Rohstoff- und Transportprobleme ließen jedoch eine rasche Vervollständigung der Ausgabe nicht mehr zu. 1943 erschien, als nächster Band, der abschließende Teil der *Joseph*-Tetralogie, *Joseph, der Ernährer*; 1945 folgten *Buddenbrooks, Ausgewählte Erzählungen* und der Essay-Band *Adel des Geistes* mit dem Untertitel ›Sechzehn Versuche zum Problem der Humanität‹.
Nach wenigen Kriegsmonaten zeichnete sich ab, daß auch Stockholm auf Dauer keine Zuflucht bieten konnte. Die aus den Erzlieferungen resultierende deutsch-schwedische Interessengemeinschaft konnte nicht ohne politische Folgen bleiben, und dies zeigte sich drastisch bereits Ende November 1939: nach dem sowjetischen Angriff auf Finnland erschien einige Wochen der Kriegseintritt Schwedens oder, schlimmer noch, der Ruf nach deutschem »Schutz« als durchaus möglich. Bermann Fischer arbeitete weiter, mit gepackten Koffern. Im April 1940 begann die deutsche Beset-

zung Norwegens. Nun war allerdings höchste Eile geboten, denn für den jüdischen Verleger und seine Familie, deren Erzeugnisse in Deutschland längst als »schädlich« klassifiziert waren, hätte die Okkupation Schwedens den Tod bedeutet. Von jetzt an gab es in Europa keinen sicheren Ort mehr; es blieb allein der Weg in die Vereinigten Staaten, der jedoch, da der Atlantik für Zivilpersonen gesperrt war, über die Sowjetunion und Japan führen mußte. Die zahllosen dafür erforderlichen Visa waren bereits beschafft, als Bermann Fischer plötzlich verhaftet wurde: unter dem Vorwurf, sich gegen Nazideutschland politisch betätigt zu haben, wurde er mehr als zwei Monate in verschiedenen Gefängnissen festgehalten, Verlag und Wohnung wurden durchsucht. Am 22. Juni endlich erfolgten Entlassung und gleichzeitige Ausweisung. Fünf Wochen dauerte die Reise mit Flugzeugen, Transsibirischer Eisenbahn und Pazifik-Dampfer, ehe Bermann Fischer und seine Familie Ende Juli Los Angeles erreichten. Nach ausführlichen Beratungen mit Thomas Mann reiste man weiter nach New York.

Die dringlichste Frage war nun die nach der Zukunft des schwedischen Verlags, an dem das Haus Bonnier mit 50% beteiligt war. Während der Haft Bermann Fischers hatten deutsche Truppen die Niederlande besetzt; wiederum ging ein großes Buchlager, von dem nur ein Teil nach Schweden hatte gerettet werden können, unwiederbringlich verloren. Die Verlage de Lange und Querido wurden zerschlagen, mehrere ihrer Mitarbeiter verhaftet und deportiert.

B·F·V

BERMANN-FISCHER VERLAG

AKTIEBOLAG

STOCKHOLM - STUREPLAN 19

TELEPHON: 205251 - TELEGRAMME: BERMANNFISCHER

BANK-KONTO: SKANDINAVISKA BANKEN, STOCKHOLM

POSTCHECK-KONTO: STOCKHOLM 154702

Als Absatzgebiet für deutschsprachige Bücher verblieb einzig die Schweiz, und um den Bermann-Fischer Verlag nicht von diesem letzten neutralen Stützpunkt in Europa abzuschneiden, wurde beschlossen, in Stockholm weiterzuarbeiten. Der Geschäftsführer Walter Singer und der Hersteller (und Übersetzer) Paul Baudisch empfingen fortan ihre Direktiven aus New York, bisweilen auch Bestellungen für den amerikanischen Markt, und trotz der unsicheren und langwierigen Postverbindungen funktionierte diese Fernsteuerung über mehr als fünf Jahre. Von 1940 bis 1945 erschienen insgesamt achtundsechzig Titel in Stockholm: darunter Erzählungen und politische Texte Thomas Manns (*Die vertauschten Köpfe*, 1940; *Das Gesetz*, 1944; die Rundfunkreden *Deutsche Hörer!*, 1942 und 1945), Hemingways Roman *Wem die Stunde schlägt* (1941), die Werke Franz Werfels und Stefan Zweigs sowie in Kommission auch Bücher einiger Querido-Autoren. Der Verkauf in der Schweiz war befriedigend; er wurde jedoch – z. B. im Falle Hemingways – von einer Zensur behindert, die sich den europäischen Machtverhältnissen allmählich anpaßte.

Fritz H. Landshoff, der Leiter der deutschen Abteilung des Querido Verlags, war wegen eines Aufenthalts in London der Verhaftung entgangen und gleichfalls nach New York emigriert. Er hatte kein eigenes Vermögen retten können und stand nun, wie Bermann

Fritz H. Landshoff

Fischer, vor der Aufgabe, sich in der völlig fremden Umgebung eine neue Lebensgrundlage zu schaffen. Die Gründung eines großen deutschsprachigen Verlags kam nicht in Betracht: die völlig andersgeartete Organisation des amerikanischen Büchermarkts ließ das nicht ratsam erscheinen, solange Kapital, Sprachkenntnisse und persönliche Beziehungen noch derart begrenzt waren; auch andere bedeutende Verleger wie Ullstein, Schocken und Wolff, die aus Deutschland nach den USA emigriert waren, riskierten ein solches Unternehmen nicht. Bermann Fischer und Landshoff begründeten im Februar 1942 die ausschließlich englischsprachige L. B. Fischer Publishing Corporation mit Sitz in New York, die jedoch nicht etwa die englischen Übersetzungen der eigenen großen Autoren bringen durfte – diese Rechte waren längst an amerikanische Verlage vergeben –, sondern ein völlig neues Programm entwickeln mußte.

Es waren vor allem Sachbücher, die den fast hoffnungslos unterfinanzierten Verlag am Leben hielten: die erste Ankündigung vom Frühjahr 1942 nannte nur einen amerikanischen Roman, aber sechs ›non-fiction‹-Titel, darunter Leopold Schwarzschilds *World in Trance. From Versailles to Pearl Harbor* und zwei Bücher über das historische und das gegenwärtige Frankreich, *The Huguenots* von Otto Zoff und *Prisoners of Hope* von Howard L. Brooks. Belletristik wurde in den folgenden Jahren in Gestalt umfangreicher Anthologien präsentiert: der Band *American Harvest* versammelte die etablierten, zwei Bände *Cross Section* noch unbekannte amerikanische Autoren (u. a. Norman Mailer, Arthur Miller und Tennessee Williams). Literarisch am bedeutsamsten war zweifellos die Anthologie *Heart of Europe* (1943), die neuere Texte von 141 Autoren aus einundzwanzig europäischen Literaturen vorstellte und durch einleitende Essays kommentierte – darunter vieles, das in Europa selbst nicht mehr gedruckt werden konnte. Herausgegeben wurde dieser Band von Hermann Kesten und Klaus Mann, dessen Autobiografie *The Turning Point* (1944) ebenfalls bei L. B. Fischer erschien – ein bedeutsamer Vorgang, da Klaus Mann während der dreißiger Jahre immer wieder scharfe Kritik an der politischen Haltung Bermann Fischers geübt und seinem Vater zu einer Trennung geraten hatte.

Zu großem Erfolg gelangte der Verlag in den wenigen Jahren seines Bestehens nicht. Die amerikanische Konkurrenz war mächtig, Bermann Fischer mit den wachsenden Problemen des Stockholmer Verlags belastet, und schließlich brachte der Krieg auch in den USA eine Verknappung der Rohstoffe. Überraschend eröffnete sich Anfang 1945 doch noch ein »Markt« für deutschsprachige Bücher: die in US-Lagern internierten deutschen Gefangenen, deren Zahl in den letzten Kriegsmonaten rasch anstieg. Die Armeeverwaltung erteilte Bermann Fischer die Genehmigung, gemeinsam mit einigen literarisch versierten Gefangenen (darunter der Verleger Curt Vinz, der Initiator dieser Aktion) vierundzwanzig Titel auszuwählen und diese dann zu je 50 000 Exemplaren und zum pocket-book-Preis von 25 cent in den Lagern zu verkaufen. Obwohl das literarische Programm dieser ›Bücherreihe Neue Welt‹ recht anspruchsvoll war – es enthielt Werke von Thomas Mann, Arnold Zweig, Remarque, Werfel, Conrad und Hemingway –, war die Gesamtauflage von 1,2 Millionen Exemplaren innerhalb von vier Monaten vergriffen, und Bermann Fischer konnte diesen ersten Versuch einer eigenen Taschenbuchreihe nicht fortsetzen. Er orientierte sich nach Kriegsende wieder intensiver in Richtung Europa, und der Plan, den New Yorker Verlag mehrsprachig auszubauen, erwies sich schließlich als unver-

CARL ZUCKMAYER

Der Hauptmann von Köpenick

EIN DEUTSCHES MÄRCHEN

BÜCHERREIHE NEUE WELT

einbar mit der Sorge um den Stockholmer Verlag. Anfang Februar 1946 wurde die L. B. Fischer Publishing Corporation an einen amerikanischen Verleger verkauft, und wenige Tage später brach Bermann Fischer zu seiner ersten Reise ins zerstörte Europa auf. Er wollte versuchen, eine Einreisegenehmigung nach Deutschland zu erlangen, um Suhrkamp aufzusuchen; von ihm waren, nach fast acht Jahren der völligen Trennung, soeben die ersten erschütternden Nachrichten nach den USA gelangt. Suhrkamp hatte Nazideutschland und den Krieg überlebt; aber jene Jahre, in denen er die Verlags-KG eigenverantwortlich und ohne jede äußere Unterstützung führte, waren erfüllt von ständigem zermürbendem Taktieren gegen Zensur, politische Drohungen und ökonomischen Niedergang. Bereits im Almanach *Das fünfzigste Jahr* signalisierte Suhrkamp so offen, als dies überhaupt noch möglich war, die prekäre Situation des Verlags:

Am 15. Oktober 1936 besteht der S. Fischer Verlag fünfzig Jahre. Sein Begründer starb am 15. Oktober vor zwei Jahren; damals erschien im Almanach eine kurzgefaßte Geschichte des Verlags. Dort möge man nachlesen, was der Verlag war.
Seine Geschichte seitdem ist nicht mehr die Geschichte seiner Ausbreitung, sondern sie ist eine einzige große Probe, die der Verlag vor der deutschen Gegenwart zu bestehen hatte; die Probe ging wie ein echtes Schicksal bis nahe an die Existenz. Vor wenigen Monaten wurden Teile des Verlages, welche in seiner Vergangenheit nicht unwesentlich an seinem Leben beteiligt waren, fortgegeben.
Es würde uns somit schlecht anstehen, das übliche Jubiläum zu feiern. Der Kranz hängt nicht über der Pforte eines saturierten Hauses. Wir haben zu sorgen und zu arbeiten wie in der Jugend dieses Verlages.

Am Tage dieses Jubiläums bekannte Suhrkamp gegenüber seinen Mitarbeitern, er stehe mit leeren Händen da – eine Äußerung, die recht pessimistisch scheint angesichts der Tatsache, daß immerhin 60 % der Verlagswerte in Berlin verblieben waren. Jedoch waren die in die Schweiz verbrachten Rechte die literarisch weitaus bedeutenderen – um sie zu retten, war ja die Trennung vollzogen worden –, und mit Ausnahme Hesses, der Schweizer Staatsbürger war, verlegte der S. Fischer Verlag zwischen 1936 und 1945 keinen deutschsprachigen Autor von internationalem Rang. Auch der mittlerweile über 70jährige Hauptmann, dessen Werk einst im Zentrum der Verlagsproduktion gestanden hatte, war dem Ansehen Suhrkamps eher abträglich: er hatte sich den Nationalsozialisten verschrieben, die sich für diesen ahnungslosen Eifer mit zynischem Spott bedankten.
Die Zahl der Übersetzungen nahm jetzt rasch ab, Sachbücher waren wegen der entstellenden Eingriffe der Zensur überhaupt nicht mehr zu verantworten. So mußte Suhrkamp versuchen, allein mit deutschsprachigen belletristischen Autoren sein Programm zu bestreiten – eine kaum lösbare Aufgabe, denn Deutschland war bereits nach wenigen Jahren der Diktatur kulturell verödet, und nur recht wenige neue und fast gar keine jungen Autoren stießen noch zum Verlag. Das Werk Ernst Penzoldts erschien seit 1934 bei S. Fi-

scher; 1939 übernahm Suhrkamp auch Penzoldts bekanntesten Roman *Die Powenzbande*, der jedoch gegenüber der bei Propyläen erschienenen Erstausgabe gekürzt werden mußte. 1936 wurden vom Verlag Paul Cassirer neun Bücher Ernst Barlachs übernommen, dessen grafisches Werk im selben Jahr als »entartet« verboten wurde, dessen Schriften dagegen noch bis Anfang der vierziger Jahre im Handel erhältlich waren. Ab 1937 findet sich Rudolf Alexander Schröder, ab 1938 auch Max Kommerell im Verlagsprogramm. Jedoch lediglich zwei neue Verbindungen kamen in jenen Jahren zustande, die sich als dauerhaft und als bedeutsam für den späteren Wiederaufbau des S. Fischer Verlags erweisen sollten. 1940 veröffentlichte Suhrkamp den Gedichtband *Der Nachbar* des zweiunddreißigjährigen Landpfarrers Albrecht Goes, der nach dem Kriege vor allem mit seiner Erzählung *Das Brandopfer* (1954) größere Wirkung erzielte. Und 1941 schließlich erschien das erste Buch Luise Rinsers: *Die gläsernen Ringe*, die eindringliche Schilderung einer Kindheit im katholischen Bayern. Dieser kleine, poetische Roman wurde jedoch nach der zweiten Auflage verboten, und der Autorin, die vor Kriegsende noch Haft und Todesgefahr zu überstehen hatte, waren weitere Publikationen untersagt. Heute ist Luise Rinser, nach zahlreichen literarischen und politisch-dokumentarischen Veröffentlichungen, die erfolgreichste deutschsprachige Autorin des S. Fischer Verlags.

Luise Rinser

Jene Jahre der »Inneren Emigration« brachten typische literarische Verhaltensweisen hervor, Strategien kultureller Selbstbehauptung, welche die in Deutschland verbliebenen Autoren den emigrierten stark entfremdeten – wie sich bald erweisen sollte. Es zeigte sich diese Differenz schon in der Form des literarischen Schaffens: während die Exilliteratur fast ausschließlich Romane hervorbrachte, war unter dem Druck des Nazi-Regimes das Gedicht eines der letzten Mittel, sich einer anderen möglichen Realität sprachlich zu vergewissern. Dies ist einer der Gründe dafür, warum auch im S. Fischer Verlag, dessen Domäne jahrzehntelang die moderne deutsche Prosa gewesen war, nun das Gedicht breiteren Raum einnahm: während des Krieges erschienen Lyrikbände u. a. von Schröder, Goes, Hausmann, Kommerell und Kasack. Noch deutlicher allerdings unterschieden sich »Innere« und »Äußere Emigration« durch den kulturellen Horizont, innerhalb dessen sie jeweils angesiedelt waren. Während das Exil immerhin die Chance bot, sich fremde literarische Traditionen anzueignen und für das eigene Werk fruchtbar zu machen, blieb Deutschland von der Weltliteratur mehr als ein Jahrzehnt abgesperrt; hier galt es, den klassischen Bestand eigener Sprache in Erinnerung zu rufen, zu verbreiten und gleichzeitig vor dem Mißbrauch durch nationalsozialistische Propaganda zu bewahren. Diesem Zweck diente die zweibändige Anthologie *Deutscher Geist. Ein Lesebuch aus zwei Jahrhunderten*, die Suhrkamp und Loerke 1940 gemeinsam herausgaben – ein für den Verlag ebenso neuartiges wie gewagtes Unternehmen, das im Stadium der Vorbereitung vor den Behörden geheimgehalten wurde. Die Bände erzielten hohe Auflagen, obgleich den Buchhändlern untersagt war, sie ins Schaufenster zu stellen, und auch der Erfolg der wieder ins Leben gerufenen ›Pantheon‹-Reihe bezeugte, daß eine große Zahl von Lesern der in Massenauflagen verbreiteten Nazi-Literatur inzwischen überdrüssig war.

Diese – allerdings letzten – Verkaufserfolge waren für den Verlag bereits lebenswichtig, da die Umsatzziffern weit abgefallen waren und spätetens seit 1939 keine Gewinne mehr erzielt wurden. Entsprechend sank die Zahl der Neuerscheinungen von zweiunddreißig Titeln im Jahre 1936 bis auf den Tiefstand von zwölf Titeln im Jahre 1941, und bei solch geringer Produktion von etwa einem Band monatlich blieb es bis zum Ende. Die wirtschaftliche Entwicklung wurde freilich überlagert vom Kampf um letzte verlegerische Spielräume, die häufig nur dadurch noch erhalten blieben, daß die zuständigen Behörden und Parteistellen sich über repressive Maßnahmen nicht einigen konnten und Suhrkamp aufgrund seiner guten Verbindungen dies auszunutzen verstand. Dabei kam ihm sein festes, notfalls sogar offiziersmäßiges Auftreten zugute, das zumindest untere Parteichargen zu beeindrucken vermochte. Welche psychischen Kräfte dies Standhalten im Laufe der Jahre verzehrte, darüber hat sich Suhrkamp kaum je geäußert; es erhellt aber aus knappen Notizen Loerkes, wie dieser vom Vorabend des Krieges: »Suhrkamp ganz zerbrochen, unerträgliche Spannung.«

Ein weiteres Problem war die Fortführung der *Neuen Rundschau*, die seit 1937 von Wolfgang von Einsiedel, Karl Korn und schließlich Hans Paeschke redigiert wurde. Neben Herbert Steiners *Corona* war sie die einzige nicht »gleichgeschaltete« Zeitschrift in Deutschland, die sich freilich jeder politischen Äußerung zu enthalten hatte. Suhrkamp, der bis 1943 insgesamt fünfundvierzig eigene Beiträge veröffentlichte, wollte entgegen Bermann Fischers dringendem Rat die Zeitschrift »wie eine Stellung« halten, sah sich dabei jedoch immer stärkerem Druck ausgesetzt. Der Konflikt erreichte einen Höhepunkt, als 1939 das Propagandaministerium Suhrkamp vor die Wahl stellte, entweder eine »Ehrung« zu Hitlers 50. Geburtstag zu bringen oder die Zeitschrift einzustellen. Suhrkamp entschied sich für die Ehrung – ein Gedicht Hans Rehbergs – und rettete damit die *Neue Rundschau* auf Kosten ihrer (auch politischen) Reputation. Welche Gründe ihn zu dieser Fehlentscheidung bewogen, wird erkennbar aus einer späteren Äußerung: 1949 schrieb Suhrkamp, die *Neue Rundschau* »[durfte] nur ein Dasein im Schatten führen, das darum nicht ein kümmerliches Dasein war«. In Wahrheit erreichte die *Neue Rundschau* während des Krieges nur noch wenige Leser, ihr literarisches Niveau sank rapide. Im März 1943 erschien das letzte Monatsheft, im September 1944 wurde die Zeitschrift wegen Papiermangels eingestellt. Sie verabschiedete sich mit den Schlußversen aus Goethes *Hermann und Dorothea:*

»Und gedächte jeder wie ich, so stünde die Macht auf
gegen die Macht, und wir erfreuten uns alle des Friedens.«

Am 24. Februar 1941 starb vereinsamt Oskar Loerke, der seine letzten Gedichte nur noch als Privatdrucke in winzigen Auflagen hatte verbreiten können. Mit diesem vielleicht charakteristischsten Dichter der Inneren Emigration, der nach eigenem Zeugnis »an der braunen Pest« zugrunde ging, verlor Suhrkamp seinen wichtigsten literarischen Mitarbeiter – und dies zu einem Zeitpunkt, da eine Reihe neuer behördlicher Maßnahmen über den Verlag förmlich hereinbrach. Für die Zuteilung von Papier waren jetzt »Dringlichkeitsbescheinigungen« erforderlich, die als Zensurinstrument gehandhabt wurden. Wenig später wurden die Honorarzahlungen an Hesse gesperrt – eine neue Schikane, die Hesse dazu zwang, seine Werke von Schweizer Verlagen nachdrucken zu lassen. *Das Glasperlenspiel* durfte nicht bei S. Fischer erscheinen (mit der charakteristischen Begründung, es handle sich um eine Utopie, und Utopien seien nicht erwünscht), und die 1943 in der Schweiz erschienene Erstausgabe durfte nicht nach Deutschland eingeführt werden. Im Sommer 1942 mußte der Verlag in ›Suhrkamp Verlag, vorm. S. Fischer‹ umbenannt werden, später entfiel der jüdische Name ganz. 1943 schließlich erhielt Suhrkamp die Anweisung, die Werke von Flake, Hausmann, Hesse und Loerke nicht mehr zu liefern; daß der Verlag sich dem noch einige Zeit widersetzte, gab wohl den letzten Vorwand zum unmittelbaren, gewaltsamen Angriff gegen den Verwalter jüdischen Erbes.

Es kamen die Monate der Agonie. Am 22. November 1943 wurde Suhrkamps Wohnung von Bomben zerstört, am 4. Dezember traf es die in Leipzig gelagerten Buchbestände, am 15. Februar 1944 wiederum Suhrkamps Ausweichquartier. Ständig wurde er vom Sicherheitsdienst überwacht, der ihn schließlich am 13. April 1944 verhaften ließ: die Anklage lautete auf Hochverrat und bekundete damit die Absicht der Machthaber, sich des unbequemen Verlegers endgültig zu entledigen. Während Hermann Kasack, der Freund und Nachfolger Loerkes, den Verlag weiterführte, blieb Suhrkamp zunächst sechs Monate in Untersuchungshaft und wurde dann ins Gestapogefängnis eingeliefert, wo er schwere Mißhandlungen erlitt. Im Januar 1945 wurde er ins Konzentrationslager Sachsenhausen gebracht und dort nach einigen Wochen in schwerkrankem Zustand entlassen.

Das Verlagshaus mit den noch vorhandenen Buchbeständen, dem Archiv und allen geschäftlichen Unterlagen ging am 10. Mai 1945 während der Besetzung Berlins in Flammen auf.

1945–1950
Wiederaufbau
Neugründung in Frankfurt am Main

Bermann Fischers erste Europa-Reise vom Februar 1946 war ernüchternd: das zerstörte, in Besatzungszonen aufgeteilte Deutschland blieb für Zivilisten vorerst verschlossen, an einen Warenverkehr mit dem (nicht nur physisch) ausgehungerten Land war nicht zu denken. Der ›Trading with the Enemy Act‹ verbot jeden Handel mit dem besiegten Gegner, und Bermann Fischer, der inzwischen die amerikanische Staatsbürgerschaft erworben hatte, sah sich komplizierten und instabilen Rechtsverhältnissen gegenüber. Es galt zunächst, die Arbeit des Stockholmer Verlags zu intensivieren und alles für den Tag vorzubereiten, an dem sich Deutschland als Büchermarkt öffnen würde.

Daß er Stockholm weiterhin als Zentrum seiner Tätigkeit und keineswegs als Provisorium betrachtete, hatte Bermann Fischer bereits wenige Wochen nach Kriegsende dokumentiert: mit einem Sonderheft zu Thomas Manns 70. Geburtstag wurde die *Neue Rundschau* – zunächst als Vierteljahresschrift – neu begründet, und die »Zueignung« des Verlegers verwies ausdrücklich nicht auf die Rettungsversuche Suhrkamps, sondern auf die geistige Haltung S. Fischers, deren Repräsentanten nun sämtlich im Exil lebten. Die Stockholmer Ausgabe der Werke Thomas Manns wurde fortgeführt, ein neues, vergleichbares Unternehmen in Angriff genommen: das Werk Hugo von Hofmannsthals, das seit 1938 kaum mehr zugänglich war, sollte in einer großen, zwolfbändigen Ausgabe erstmals zusammengefaßt werden. Herausgeber war Herbert Steiner, der in den USA, noch während des Krieges und unter größten Schwierigkeiten der Textbeschaffung, den ersten Band vorbereitete. Ende 1945 erschienen dann *Die Erzählungen*, gefolgt von *Gedichte und lyrische Dramen* (1946) und zwei Bänden *Lustspiele* (1947/48). Auch diese Werkausgabe war nach bewährtem Muster aus unnumerierten Einzelbänden aufgebaut; von den ursprünglich geplanten erschien der letzte 1956

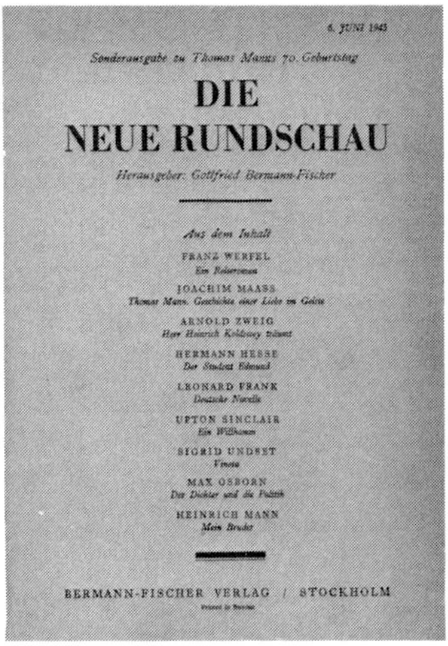

6. JUNI 1945

Sonderausgabe zu Thomas Manns 70. Geburtstag

DIE NEUE RUNDSCHAU

Herausgeber: Gottfried Bermann-Fischer

Aus dem Inhalt

FRANZ WERFEL
Ein Reiseroman

JOACHIM MAASS
Thomas Mann. Geschichte einer Liebe im Geiste

ARNOLD ZWEIG
Herr Heinrich Koldewey träumt

HERMANN HESSE
Der Student Edmund

LEONHARD FRANK
Deutsche Novelle

UPTON SINCLAIR
Ein Willkomm

SIGRID UNDSET
Vineta

MAX OSBORN
Der Dichter und die Politik

HEINRICH MANN
Mein Bruder

BERMANN-FISCHER VERLAG / STOCKHOLM

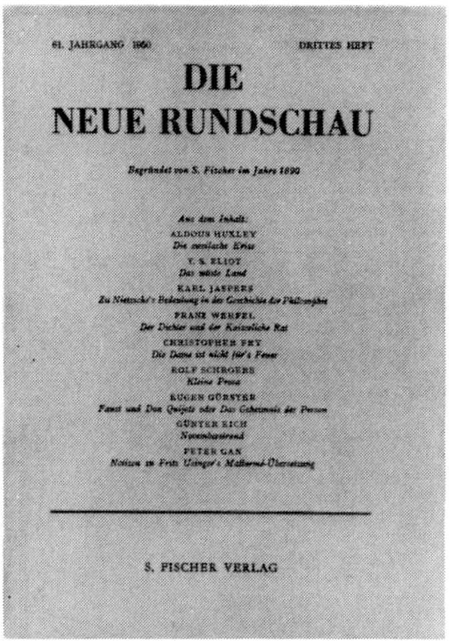

61. JAHRGANG 1950 DRITTES HEFT

DIE NEUE RUNDSCHAU

Begründet von S. Fischer im Jahre 1890

Aus dem Inhalt:

ALDOUS HUXLEY
Die zweifache Krise

T. S. ELIOT
Das wüste Land

KARL JASPERS
Zu Nietzsche's Bedeutung in der Geschichte der Philosophie

FRANZ WERFEL
Der Dichter und der Kaiserliche Rat

CHRISTOPHER FRY
Die Dame ist nicht für's Feuer

ROLF SCHROERS
Kleine Prosa

EUGEN GÜRSTER
Faust und Don Quijote oder Das Geheimnis der Person

GÜNTER EICH
Novemberstrand

PETER GAN
Notizen zu Fritz Usinger's Mallarmé-Übersetzung

S. FISCHER VERLAG

in Frankfurt, unveröffentlichte Texte wurden später in weiteren drei Bänden gesammelt.

Aber nicht nur das Werk und Erbe verstorbener Schriftsteller galt es jetzt in Erinnerung zu rufen; es gab auch Autoren, die auf dem Höhepunkt ihrer Entwicklung standen und trotzdem vergessen zu werden drohten, da ihre Bücher seit langem nicht nachgedruckt wurden. So waren z. B. nach Kriegsende von Carl Zuckmayer, der gleichfalls in den Vereinigten Staaten lebte, lediglich zwei Werke lieferbar, und in Stockholm beeilte man sich, diesem Mangel abzuhelfen: 1945 erschien die Erzählung *Der Seelenbräu*, 1946 das politische Drama *Des Teufels General*, 1947 schließlich *Die deutschen Dramen* als erster Band einer vierbändigen Gesamtausgabe, die 1952 geschlossen vorlag. Die Unmöglichkeit, das literarische Programm von heute auf morgen zu vervollständigen, führte immer wieder zu schwierigen Entscheidungen: die Kapazitäten waren begrenzt und mußten auf Klassiker, literarische Neuerscheinungen und Sachbücher sinnvoll verteilt werden. Das zog natürlich auch Klagen der Autoren nach sich; selbst Thomas Mann fragte bisweilen an, warum seine Bücher wieder einmal »nirgends zu haben« seien. Auf sein Hauptwerk, den Roman *Doktor Faustus*, der im Oktober 1947 in Stockholm erschien, traf dies jedoch gewiß nicht zu, 14000 Exemplare wurden in der Schweiz als Erstauflage gedruckt und noch im

selben Jahr abgesetzt, und zu Thomas Manns Lebzeiten erreichte allein die deutschsprachige Ausgabe (Lizenzausgaben in der DDR nicht mitgezählt) das 59. Tausend.
Die Schrecken des Weltkriegs, die allmählich ans Licht kommenden Greuel der Judenverfolgung und die Ungewißheit über die künftige Rolle Europas erzeugten ein Informations- und Orientierungsbedürfnis, das nun auch dem Sachbuch neue kulturelle Funktionen zuwies. 1945 erschienen im Stockholmer Verlag allein sieben Bücher, die Material zur jüngsten Vergangenheit lieferten, darunter die Kriegsreden Roosevelts und Stalins, eine Churchill-Biografie, eine Beschreibung Polens unter deutscher Herrschaft und schließlich eine ideologiegeschichtliche Schrift, die schon im Titel die Nachkriegsstimmung auf den Begriff brachte: *Wie war das möglich?* 1947 folgte *Der SS-Staat* von Eugen Kogon, der die Schrecken des Regimes am eigenen Leibe erfahren hatte – eine umfangreiche und systematische Analyse, die auch in Deutschland in mehreren Ausgaben im Handel war.
Mittlerweile hatte die Verlegerfamilie Bonnier schon über nahezu ein Jahrzehnt die Stockholmer Niederlassung Bermann Fischers gestützt und gefördert, und sie hoffte, für diesen Einsatz nun bald durch umfangreichere Exporte nach Deutschland entschädigt zu werden. Aber daraus wurde nichts: während der Absatz in der Schweiz und vor allem in den Niederlanden über Erwarten gut war, blieb Deutschland weiterhin verschlossen, und noch immer durfte Bermann Fischer dort nicht unmittelbar tätig werden. Im Sommer 1947 konnte er erstmals nach Berlin reisen, er traf Suhrkamp und vereinbarte mit ihm, dessen wieder ins Leben gerufenen Verlag mit Lizenzen auszustatten; aber die damit erzielten Erlöse durften nicht ins Ausland transferiert werden. Beunruhigt über diese Hemmnisse, zogen sich die Bonniers aus dem Handel mit deutschsprachigen Büchern zurück. Im Mai 1948 wurde die Stockholmer Niederlassung nach Amsterdam verlegt, und mit dem dort ansässigen Querido Verlag, dessen Leitung Fritz H. Landshoff nach seiner Rückkehr aus New York wieder übernommen hatte, vereinbarte Bermann Fischer die Fusion. Der vereinigte Verlag wurde in Holland als Bermann-Fischer/Querido Verlag, N.V. registriert.
Einer derartigen Verlagerung eines Unternehmens von einem europäischen Land in ein anderes standen damals unzählige Schwierigkeiten entgegen. Der internationale Geldverkehr war durch Devi-

senkontrollen geknebelt, und mit dem Warenverkehr stand es nicht anders, da jeder Staat eine negative Handelsbilanz vermeiden wollte. Aber der Aufwand lohnte: nachdem der Verkauf mit Bonnier abgewickelt und das Stockholmer Buchlager nach Monaten endlich in Amsterdam eingetroffen war, hatten sich die Produktionsbedingungen für Bermann Fischer erheblich verbessert. Zwei erfahrene und literarisch umfassend gebildete Mitarbeiter nahmen ihm jetzt einen Teil der Last ab: als Cheflektor Rudolf Hirsch, der zuvor bei Fred von Eugens holländischer Enzyklopädie und im Querido Verlag gearbeitet hatte, und als Teilhaber wiederum Fritz H. Landshoff. Mit dieser Unterstützung konnte Bermann Fischer an das Stockholmer Programm fast nahtlos anschließen; noch im Herbst 1948 erschienen Carl Zuckmayers *Gedichte* als zweiter Band der Gesamtausgabe, und sogar eine kleine Buchreihe wurde begründet, die ›Bermann-Fischer Roman-Bibliothek‹, in deren Rahmen endlich wieder einmal an ein zentrales Werk Schnitzlers, *Die Traumnovelle,* erinnert werden konnte. Bereits im folgenden Jahr gewann der Amsterdamer Verlag ein dem alten S. Fischer Verlag durchaus verwandtes Profil: neben Sachbüchern über die Geschichte Rußlands und der Vereinigten Staaten standen u. a. ein Memoirenband Romain Rollands, die Erinnerungen Alma Mahler-Werfels an die gemeinsamen Jahre mit Gustav Mahler, ein Gedichtband von Nelly Sachs, *Die Entstehung des Doktor Faustus* von Thomas Mann sowie das letzte vollendete Werk seines Bruders Heinrich, *Der Atem.*

Der Bermann-Fischer/Querido Verlag belieferte weiterhin den schweizerischen und den holländischen Buchhandel, und die fortbestehenden Verbindungen nach Amerika wurden genutzt, um auch an dem dortigen – freilich geringeren – Umsatz deutschsprachiger Bücher teilzuhaben. Die geografisch nächstliegende Grenze jedoch war noch immer die am schwierigsten zu überwindende: nur höchst unregelmäßig waren aus den »Westzonen« Import- und Zahlungsgenehmigungen zu erlangen, so daß eine Produktion speziell für den deutschen Markt nicht in Betracht kam.

Für Österreich hatte sich schon bald nach Kriegsende eine verhältnismäßig einfache und ökonomisch günstige Lösung gefunden: die in Wien ansässige ehemalige Niederlassung Bermann Fischers wurde reaktiviert, und ab Herbst 1947 erschien dort ein eigenes Buchprogramm, das im wesentlichen auf Lizenzen des Stockholmer und später des Amsterdamer Unternehmens beruhte. Auf diese Weise kehrten auch Werke von Hofmannsthal, Schnitzler und Lernet-Holenia gleichsam als Import in ihren ursprünglichen Sprachraum zurück – ein für die Literaturgeschichte der Nachkriegsjahre charakteristischer Vorgang, der sich im folgenden häufig wiederholte. Von den wenigen Originalausgaben des Wiener Verlags war die weitaus bedeutendste der Roman *Die größere Hoffnung* (1948) von Ilse Aichinger, ein Erstlingswerk, das Krieg und Verfolgung mit der Phantasiewelt eines Kindes kontrastierte und damit auch die Hoffnung auf eine künftige deutsche Literatur erweckte, deren Sprache das erlebte Grauen zu bewältigen imstande sein würde. Neue Möglichkeiten von Sprache und literarischer Form erschloß auch Ilse Aichingers berühmte *Spiegelgeschichte,* die 1948 entstand und 1953 im Rahmen ihrer gesammelten Erzählungen im neugegründeten S. Fischer Verlag erschien.

Ilse Aichinger

New York, Stockholm, Amsterdam, Wien: diese komplizierten Verzweigungen von Bermann Fischers Unternehmen waren Versuche, inmitten politischer Katastrophen den völligen Untergang des Verlags abzuwenden und die Zerstreuung seines literarischen Erbes zu verhindern. Eine Wiedervereinigung aller Verlagsteile, an welchem Ort auch immer, war vorläufig ausgeschlossen und wurde wegen der von Bermann Fischer einige Zeit erwogenen Mehrsprachigkeit auch nicht forciert; daß aber der Berliner Verlag – oder das, was von ihm übrig war – in irgendeiner Form dem Unternehmen angegliedert und damit seinen rechtmäßigen Eigentümern wieder zugeführt werden müsse, darüber waren sich alle Beteiligten einig. Der Zeitpunkt einer derartigen Übergabe war allerdings unabsehbar, die leidvolle Arbeit Suhrkamps als Treuhänder noch längst nicht beendet. Die Zustände im besiegten Deutschland, dessen einstige kulturelle Zentren in Trümmerwüsten verwandelt waren, ließen den Gedanken als geradezu abwegig erscheinen, ausgerechnet hier einen großen literarischen Verlag neu begründen zu wollen.

Nach langen Monaten der Genesung erhielt Peter Suhrkamp am 26. Oktober 1945 die erste britische Verlagslizenz in Berlin. Der neue ›Suhrkamp Verlag, vorm. S. Fischer‹ nahm in einem Einfamilienhaus in der Forststraße seine Tätigkeit auf – mit Suhrkamps Ideen als gewissermaßen einzigem Betriebskapital. Die Buchbestände waren vernichtet, die Konten des alten Verlags gesperrt. Glaubte man anfangs noch, die Versorgungsschwierigkeiten würden bald so weit behoben sein, daß erste bescheidene Publikationen, gleich in welcher Ausstattung, die Leser erreichen würden, so sah man sich darin bald getäuscht: der Mangel nahm zu, es fehlte nicht nur an Papier, sondern auch an Einbandmaterial, Heftfaden und Leim, an Druckmaschinen – und natürlich an Menschen, die diese Maschinen bedienten. Papier war nicht frei käuflich, sondern wurde auf Antrag zugeteilt, und daraus resultierte, wie sich Suhrkamp in einem Brief beklagte, eine »totale Abhängigkeit von den Besatzungsmächten, deren Absichten immerfort in undurchdringliches Dunkel gehüllt« blieben. Wie sich zeigen sollte, orientierten sich diese Absichten an den Verhältnissen in den jeweiligen Heimatländern; so wurde z. B. in der amerikanischen Zone das verfügbare Papier im Verhältnis 60:40 zugunsten der Zeitschriften und zuungunsten der Bücher verteilt, gleichzeitig wurden jedoch Verlagslizenzen in großer Zahl vergeben. Folgeerscheinungen dieser mangelhaften Koordination waren eine ganz unfruchtbare Konkurrenz, zahllose Buchdoubletten, ein ausgedehnter Schwarzhandel mit Büchern und schließlich der Konkurs vieler der neugegründeten Verlage im Zuge der Währungsreform. Nachdem Bermann Fischer die Westzonen und Berlin bereist hatte, schilderte er diese verfahrene Situation in einem Vortrag, den er am 1. Juni 1948 in der Columbia University

hielt. »Es ist ein unverzeihlicher Fehler der Demokratie«, resümierte er, »daß sie das kulturelle Leben als Nebenfaktor dem Politischen und Ökonomischen an Bedeutung unterordnet.«
Nahezu ein Jahr dauerte es, ehe der neue Berliner Verlag die ersten Veröffentlichungen ausliefern konnte. Es waren zumeist schmale, in schlichtes Grau gebundene Bücher, deren Zusammenstellung bereits früh das Bestreben Suhrkamps erkennen ließ, seine Arbeit ganz auf eine innerliche, von der gesellschaftlichen Realität abgewandte geistige Sphäre zu konzentrieren. Mit dieser Intention wurde insbesondere die Reihe ›Beiträge zur Humanität‹ begründet, deren erster Band das von Suhrkamp selbst herausgegebene *Taschenbuch für junge Menschen* war; hier wurde ein durchaus konservatives, auf die »innere Person« zielendes geistiges Leitbild propagiert, das Suhrkamp als die Voraussetzung einer kulturellen Erneuerung verstand. Daneben erschienen u. a. der Essay *Fausts Rettung* von Reinhold Schneider, der Band *Tröstung* von Ernst Penzoldt sowie einige Nachdrucke aus Werken und Tagebüchern Walt Whitmans. Eine gewisse ökonomische Sicherung wurde erzielt durch drei Lizenzausgaben des Bermann-Fischer Verlags: neben einem Gedichtband Lernet-Holenias erschienen Thomas Manns Rede *Vom kommenden Sieg der Demokratie* und der Roman *Lotte in Weimar*, deren Erstauflagen

jedoch die Nachfrage in Deutschland bei weitem nicht befriedigten.
Zu derartigen Lizenzen mochte sich Bermann Fischer nur zögernd entschließen. Zwar hatte Suhrkamp bereits im Herbst 1945 versichert, seine verlegerische Tätigkeit auch künftig im Sinne einer »Statthalterschaft und Treuhänderschaft« auszuüben, und nur er kam in Deutschland als exklusiver Lizenznehmer in Betracht; wegen der komplizierten Rechtsverhältnisse und der zahllosen unerlaubten Nachdrucke wollte jedoch Bermann Fischer zunächst mit einigen wenigen Titeln diese Form der geplanten Zusammenarbeit praktisch erproben. Auch 1947 erteilte er Suhrkamp lediglich fünf Lizenzen, darunter Stefan Zweigs *Die Welt von Gestern*; als Gemeinschaftsausgabe erschien das bereits in den USA vorbereitete Schulbuch *Geschichte unserer Welt*. Nachdem man einige Erfahrung gesammelt hatte, wie die von den Besatzungsmächten aufgetürmten bürokratischen Hemmnisse zu überwinden seien, konnte dann Suhrkamp die Autorenrechte Bermann Fischers auf dem deutschen Büchermarkt umfassend auswerten: es erschienen zahlreiche Werke von Stefan Zweig und Carl Zuckmayer, daneben Hemingways Roman *Wem die Stunde schlägt* und Thornton Wilders *Die Iden des März* als erste Proben neuester amerikanischer Literatur.
Das Werk Hemingways, das mit der erstaunlichen, durch Rotationsdruck ermöglichten Erstauflage von 30000 Exemplaren erschien, war zugleich der erste Band der neuen Reihe ›S. Fischers Bibliothek‹, die in Titel und Programm an die Tradition des Verlags anknüpfte und die, wie der Klappentext ankündigte, auch dazu dienen sollte, »die Kontinuität der deutschen Literatur wieder herzustellen«. Im selben Jahr 1948 präzisierte Suhrkamp diesen Gedanken in seinem Vortrag *Das Bild des Europäers:*

Es ist, als müßten wir wie Kolonisten wieder anfangen. Um so nötiger ist es, daß wir die Werke, die nicht zerstört werden konnten, bei uns pflegen und lebendig erhalten. Das ist aber nur möglich, wenn auch in der Gegenwart wieder Werke entstehen, in denen die Tradition sich fortsetzt; in der Sammlung auf eine originale Produktivität.

Mißt man an dieser Äußerung das Nachkriegsprogramm des Suhrkamp Verlags, so fällt allerdings auf, daß sowohl in S. Fischers Bibliothek, die es nur auf wenige Titel brachte, als auch in der übrigen Produktion neue deutsche Autoren kaum vertreten waren. Einzig mit Bertolt Brecht – den Suhrkamp seit 1919 kannte und dessen Theaterrechte er gleich nach dem Kriege übernommen hatte – stieß auch ein prominenter Emigrant zum Verlag; aber seine *Versuche 20-21* von 1949 (der Band enthielt *Mutter Courage und ihre Kinder* und *Fünf Schwierigkeiten beim Schreiben der Wahrheit*) blieben für Orientierung und Profil des Verlags zunächst ohne Folgen. Suhrkamp betreute weiterhin das Werk von Ernst Penzoldt, Manfred Hausmann, Rudolf Alexander Schröder und Wolf von Niebelschütz (*Der blaue Kammerherr*, 1949), er brachte Gedichtbände von Goes und Loerke, und er ließ so rasch als möglich die seit langem vergriffenen Titel Hesses und Hauptmanns nachdrucken.

Vor allem für das Werk Hesses setzte sich Suhrkamp mit aller Kraft ein, und die Beziehung zwischen diesen beiden recht verschlossenen Charakteren entwickelte sich bald zu einem Vertrauensverhältnis, das maßgeblichen Einfluß auf das Schicksal des Verlags gewinnen sollte. Bereits im November 1945 hatte Hesse mitgeteilt, daß er »natürlich bei einem neuen Fischerverlag gern mitmache«; wegen der unsicheren Postverbindungen und der Papiernot dauerte es jedoch noch ein volles Jahr, ehe endlich die deutsche Ausgabe des *Glasperlenspiel* in einer Erstauflage von 20000 Exemplaren erscheinen konnte. Noch während das zweibändige Werk im Druck war, langte die Nachricht ein, daß der Nobelpreis für Literatur an Hesse verliehen werde – auf Vorschlag von Thomas Mann und völlig überraschend für den Preisträger, der zwar seine Isolation nicht aufgeben mochte und weiterhin öffentliche Auftritte mied, der nun jedoch in Deutschland nach den Jahren des Verbots ins öffentlichte Bewußtsein zurückkehrte und breite Leserschichten wiedergewann. Mit dem *Glasperlenspiel* wurde die Ausgabe von Hesses *Gesammelten Werken* nach fast zehnjähriger Unterbrechung fortgesetzt, 1947 folgten *Die Gedichte*, 1949 wurde sie mit den Betrachtungen *Krieg und Frieden* abgeschlossen.

In der Phase des Wiederaufbaus wurden in Berlin große Anstrengungen unternommen, um mit Niveau und Umfang der Buchproduktion an die zwanziger Jahre anzuknüpfen (die sich allmählich zu »Goldenen Zwanzigern« verklärten). Nachdem bereits 1946 wieder eine Buchmesse in Leipzig stattgefunden und damit die straffe Kulturpolitik der Sowjetischen Besatzungszone sich erfolgreich gezeigt hatte, wurde im folgenden Jahr eine große Buchausstellung auch in Berlin eröffnet, an deren Organisation Suhrkamp mitwirkte. Aber

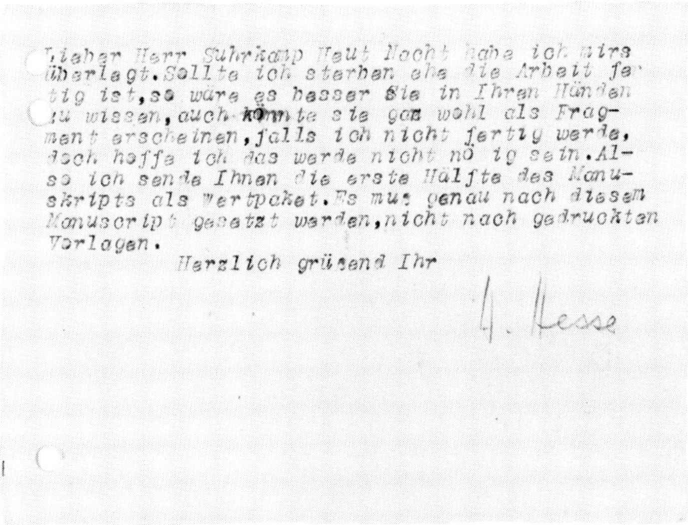

Lieber Herr Suhrkamp Heut Nacht habe ich mirs
überlegt. Sollte ich sterben ehe die Arbeit fer
tig ist, so wäre es besser Sie in Ihren Händen
zu wissen, auch könnte sie ganz wohl als Frag-
ment erscheinen, falls ich nicht fertig werde,
doch hoffe ich das werde nicht nötig sein. Al-
so ich sende Ihnen die erste Hälfte des Manu-
skripts als Wertpaket. Es mus genau nach diesem
Manuscript gesetzt werden, nicht nach gedruckten
Vorlagen.

Herzlich grüsend Ihr

H. Hesse

Hermann Hesse an Peter Suhrkamp, 10. Januar 1942

das zeitweise hektische Kulturleben, die zahlreichen Inszenierungen und Lesungen konnten nicht lange darüber hinwegtäuschen, daß der Verlust der einstigen kulturellen Vitalität unwiderruflich war. Die jüdische Intelligenz, die literarische Linke waren vertrieben oder ermordet, und nach Kriegsende wurde die einstige Hauptstadt durch politische Entscheidungen der Großmächte zunehmend isoliert; die sich abzeichnende Teilung Deutschlands versetzte Berlin in einen künstlichen, wirtschaftlich wie kulturell abhängigen Status. Die Folge war eine Verlagerung zahlreicher Berliner Unternehmen in die Westzonen, und dieser Bewegung schloß sich 1947 auch Suhrkamp an: er gründete in Frankfurt – nach Absprache mit Bermann Fischer – den Suhrkamp Verlag vorm. S. Fischer, der von der Berliner KG zwar rechtlich unabhängig war, der ihr jedoch einen Teil der Produktion abnehmen und unter weit günstigeren Bedingungen realisieren konnte. Wegen der wachsenden politischen Spannungen wurde dann ein immer größerer Anteil der Neuerscheinungen von der Frankfurter Zweigstelle übernommen, die so bereits nach einem Jahr de facto als Zentrale des Verlags fungierte: 1948 erschienen in Berlin nurmehr zwei Buchtitel, in

Frankfurt dagegen dreiundzwanzig (davon acht Lizenzausgaben des Bermann-Fischer Verlags). Daß dies eine durchaus richtige Entscheidung war, bewiesen die politischen Ereignisse der folgenden Monate: während der sowjetischen Blockade verschlechterten sich die Bedingungen der Produktion nochmals drastisch, West-Berlin wurde endgültig zur politischen Insel, und Suhrkamp mußte seinen Cheflektor Hermann Kasack aus Potsdam nach Westdeutschland evakuieren.

Hermann Kasack

Der neue Standort erwies sich als günstig, denn Frankfurt profilierte sich innerhalb weniger Jahre zu einem Zentrum des Buchwesens; 1946 war hier die Deutsche Bibliothek begründet worden, 1949 eröffnete – erstmals nach fast zwei Jahrhunderten – eine eigene Buchmesse. Vor allem dank der zahlreichen, literarisch wie ökonomisch wertvollen Lizenzen konsolidierte sich der Suhrkamp Verlag rasch, er nahm bereits in seinem ersten Frankfurter Jahr eine im deutschsprachigen Raum führende Position ein. Diese Entwicklung nötigte nun doch zu einer grundsätzlichen Erörterung der Interessenlage; zu entscheiden war, welche Funktion der Verlag Suhrkamps gegenüber den europäischen Niederlassungen Bermann Fischers wahrnehmen und in welcher Form die von Suhrkamp in Aussicht gestellte Rückführung des deutschen Verlags in das Eigentum der Familie Bermann Fischer erfolgen sollte. Erste Unterredungen und die praktische Zusammenarbeit der Unternehmen erwiesen nun, daß die beiden Verleger hierüber gänzlich verschiedene Vorstellungen hegten: während Bermann Fischer die Niederlassungen in Amsterdam, Wien, Berlin und Frankfurt als eine zentral gesteuerte Produktions- und Vertriebsgemeinschaft organisieren wollte (nachdem internationale Handelsverträge dies rechtlich ermöglicht hatten), bestand Suhrkamp auf einer ausschließlich von ihm zu verantwortenden deutschen Produktion. Diese Differenz führte zunächst zu einer Reihe von Kompromissen, bis schließlich im Jahre 1949 so unterschiedliche Ansichten über Programm, Buchgestaltung, Kapitalverwendung, ja sogar über die kulturelle Funktion des Buches selbst zutage traten, daß Bermann Fischer um die Zukunft des Frankfurter Unternehmens zu fürchten begann und auf Rückgabe drängte.

Ein Restitutionsgesetz, das die Rückerstattung jüdischen Eigentums regelte, existierte in der amerikanischen Zone bereits seit November 1947. Suhrkamp jedoch sträubte sich dagegen, von dieser Möglichkeit Gebrauch zu machen; er ließ die Antragsfristen verstreichen, da er befürchtete, die Rückerstattung werde ihn als »Ariseur« öffentlich diskriminieren. Überdies brachten ihn die weitreichenden Pläne Bermann Fischers zu der Überzeugung, die Werke einiger seiner deutschen Autoren vor allzu »kommerzieller« Auswertung schützen zu müssen. Bestärkt insbesondere von Hermann Hesse, knüpfte er nun an die Rückerstattung strenge Bedingungen: unabhängige Geschäftsführung in Frankfurt und Vetorecht bei allen wichtigen Entscheidungen, insbesondere der Besetzung leitender Posten. Einen von Bermann Fischer angebotenen Vertrag, der Suhrkamps Verlagsleitung dem Unternehmen in Amsterdam unterstellt hätte, lehnte er ab: er halte es für untragbar, daß ein »deutscher literarischer Verlag Direktiven vom Ausland erhalte«.

So willkommen dieses Verhalten Suhrkamps vielen seiner Autoren war, die den Verleger ihres Vertrauens nicht verlieren wollten, so unverständlich war es Bermann Fischer, der sich nun zur Restitutionsklage genötigt sah. Was veranlaßte Suhrkamp nach zahlreichen und sogar testamentarisch festgeschriebenen Loyalitätserklärungen zu einem derartigen Sinneswandel? Zunächst wohl seine Auffassung von Zweck und Wert des Buches, das, wie er einmal äußerte, »nicht in die Masse« gehörte. Während Bermann Fischer

an einem demokratischen Buchtypus festhielt und bereits das im Rotationsdruck hergestellte Taschenbuch plante, legte Suhrkamp eine Adressenkartei literarisch gebildeter Interessenten an: ihm kam es darauf an, das Buch – wie es in einem programmatischen Aufsatz hieß – »an den richtigen Leser« zu bringen, selbst um den Preis des Ausschlusses einer breiteren Öffentlichkeit. Suhrkamps Vorstellung eines exklusiven geistigen Reichs, wie er es in Hesses *Glasperlenspiel* realisiert fand, war unvereinbar mit dem Buch als Ware, geschweige mit dem Taschenbuch, das zu Pfennigbeträgen am Kiosk zu erstehen war. Diese Differenz der Auffassungen resultierte jedoch keineswegs nur aus den offenkundig sehr verschiedenen Persönlichkeiten der beiden Verleger; sie resultierte vor allem – und darin liegt die eigentliche Tragik des Vorgangs – aus ihren so unvergleichbaren Erfahrungen während der Jahre der Diktatur. Beide waren Verfolgte des Nazi-Regimes. Während aber Suhrkamp angesichts von Judenverfolgung, Anpasserei, Denunziation und Krieg die Meinung der »Masse« geringschätzen lernte und nur noch an der eigenen »inneren Person« Halt fand, gewöhnte sich Bermann Fischer an die weltoffene, liberale Atmosphäre New Yorks. Die Auseinandersetzung und die Mißverständnisse zwischen beiden Verlegern entsprachen damit recht genau denen zwischen Innerer und Äußerer Emigration – sie gehörten, trotz ihrer persönlichen Färbung, zu den für die geistige und kulturelle Situation Nachkriegsdeutschlands charakteristischen Ereignissen.
Glücklicherweise konnte ein Prozeß vor dem Rückerstattungsgericht, der großes Aufsehen erregt hätte, in letzter Stunde vermieden werden. Durch Vermittlung von Eugen Kogon kam am 20. April 1950 eine außergerichtliche Einigung zustande, die sowohl Bermann Fischers Anspruch auf Wiedervereinigung der Verlagsteile als auch Suhrkamps Bestreben nach unabhängiger Verlagstätigkeit Genüge tat. Im wesentlichen sah diese Vereinbarung vor, daß

a) Suhrkamp am 27. April 1950 aus dem Frankfurter und Berliner Verlag ausscheidet;
b) der Frankfurter und Berliner Verlag mit allen Aktiva und Passiva Eigentum Bermann Fischers wird und damit die Lizenzverpflichtungen Suhrkamps aufgehoben werden;
c) die bisher von Suhrkamp betreuten Autoren selbst entscheiden, ob ihre Rechte an Bermann Fischer oder an einen neu zu gründenden Suhrkamp Verlag fallen;

d) die Buchbestände derjenigen Autoren, die für Suhrkamp votieren, bis zu einer gewissen Wertgrenze an seinen neuen Verlag übergehen.

Von den vierundvierzig Autoren (bzw. deren Rechtsnachfolgern), die laut diesem Vertrag befragt wurden, entschieden sich dreißig für Suhrkamp, darunter Hesse und Brecht. Insbesondere die Rechte an den Werken Hesses verschafften dem Suhrkamp Verlag, der am 1. Juli 1950 in Frankfurt gegründet wurde, bedeutende Einnahmen; sie waren der Grundstock der späteren Expansion, die den Verlag – unter der Leitung Peter Suhrkamps bis zu seinem Tod im Jahre 1959, dann weitergeführt von Siegfried Unseld – zu einem der bedeutendsten der Bundesrepublik avancieren ließ.

Eine vierzehn Jahre währende Periode der Provisorien, der Übersiedelungen und Spaltungen ging zu Ende; seit April 1950 gab es wieder einen deutschen S. Fischer Verlag, dessen geografisch wie kulturell zentraler Standort die äußere Voraussetzung dafür bot, den Rang des einstigen Berliner Unternehmens wiederzuerlangen. Dazu war allerdings erforderlich, daß sich Bermann Fischers Arbeit

Rudolf Hirsch und Gottfried Bermann Fischer

nun ganz auf Frankfurt konzentrierte: gemeinsam mit seiner Frau Brigitte und dem Lektor Rudolf Hirsch, der bald auch in die Geschäftsführung eintrat, übernahm er die Leitung des wiedervereinigten Unternehmens. Auch die ›Neue Rundschau‹ wurde ins deutsche Verlagshaus zurückgeholt; ab Januar 1950 – sechzig Jahre nach ihrer Begründung – erschien sie als Monatsschrift unter der Redaktion von Rudolf Hirsch und Joachim Maass, und sie hat bis heute, in verschiedener äußerer Gestalt, die Präsentation und Diskussion kultureller Strömungen fortgesetzt. Vielleicht wird gerade an der Geschichte dieses Organs, die sich wie ein roter Faden durch die Geschichte des S. Fischer Verlags zieht, das Schicksal ebenso wie die literarische Kontinuität des Hauses am sinnfälligsten.

1950–1986
Der neue S. Fischer Verlag
Der Fischer Taschenbuch Verlag

Zensur, Krieg, Revolution, Inflation, Wirtschaftskrise, Faschismus, Exil, wiederum Krieg und schließlich die Teilung Deutschlands: es ist heute kaum mehr begreiflich, wie ein liberales Verlagsunternehmen nicht nur diese fortwährenden politischen Erschütterungen und Katastrophen zu überleben, sondern trotz allem auch eine gewisse inhaltliche Kontinuität zu bewahren vermochte. Eine kaum geringere Anstrengung verlangte jedoch Anfang der fünfziger Jahre die Umstellung auf eine in beispielloser Expansion begriffene »Friedenswirtschaft«, deren technische Neuerungen den gesamten Buchhandel revolutionierten. Es galt, an dieser Expansion teilzunehmen und der wachsenden wirtschaftlichen Konkurrenz standzuhalten, ohne doch Qualitätsbewußtsein und literarische Ambition einer gesichtslosen Massenproduktion zu opfern. Aus heutiger Sicht, fünfunddreißig Jahre später, scheint dieser Balanceakt gelungen: trotz der vielfältigen thematischen Verzweigungen hat der Verlag ein kulturelles Profil bewahrt, das sein Begründer S. Fischer, wie Peter de Mendelssohn schreibt, ohne Zweifel »wiedererkennen« würde.

Dies läßt sich beispielhaft belegen anhand der literarischen Gesamtausgaben, die bis heute ein Schwerpunkt der Produktion geblieben sind, und um die es gerade während der ersten Frankfurter Jahre besonders schwierig stand. Bermann Fischer nahm hohe Kredite auf, um die bereits publizierten, aber vom Markt verschwundenen Werke seiner Hausautoren möglichst rasch nachzudrucken – eine Lücke von etwa einhundert Bänden, darunter fast sämtliche Titel von Joseph Conrad und Stefan Zweig. Daneben waren die großen Gesamtausgaben zu aktualisieren und zu vervollständigen. 1959 kamen die Editionen der *Gesammelten Werke* Franz Werfels und Hugo von Hofmannsthals zum Abschluß, und bald darauf konnte das weithin vergessene Werk Arthur Schnitzlers endlich wieder ge-

schlossen vorgelegt werden: es erschienen *Die Erzählenden Schriften* und *Die Dramatischen Werke* in je zwei Bänden (1961 und 1962), gefolgt von *Aphorismen und Betrachtungen* (1967).
Auch die ›Stockholmer Gesamtausgabe‹ der Werke Thomas Manns wurde in Frankfurt fortgeführt, zunächst mit einem Nachdruck der *Buddenbrooks;* dann folgten *Der Erwählte* (1951), die *Joseph*-Romane (1952), *Altes und Neues* (Prosa, 1953) und *Felix Krull* (1954). Als Thomas Mann am 12. August 1955 starb, waren sich Leser und Verleger darin einig, daß der Rang dieses Autors und die fast sechs Jahrzehnte währende Zusammenarbeit dem S. Fischer Verlag besondere Verpflichtungen auferlegte. Nachdem die noch durchaus mit Provisorien behaftete ›Stockholmer Gesamtausgabe‹ abgeschlossen war – es erschienen weitere vier Bände, zuletzt die *Erzählungen* (1958) –, wurde bereits 1960 das Werk Thomas Manns in neuer Ordnung und Vollständigkeit vorgelegt: die *Gesammelten Werke in zwölf Bänden* umfaßten allein vier Bände *Reden und Aufsätze* und gaben damit erstmals umfassend Einblick in die tages- und kulturpolitische Publizistik eines Autors, dessen Bedeutung ohne das Verständnis seiner öffentlichen Rolle nicht zu würdigen ist.
Trotz seiner anfangs beschränkten wirtschaftlichen Mittel hatte Bermann Fischer nicht die Absicht, den neuen Ruf des Verlags allein auf die Auswertung der über den Krieg geretteten Rechte zu gründen. Es gab Autoren – dies wußte der Verleger aus internationaler Erfahrung –, die als Klassiker der Moderne galten und die dennoch im deutschen Sprachraum erst einmal bekanntzumachen und »durchzusetzen« waren. Zu diesen zählte z. B. Virginia Woolf, die mit der Erzählung *Flush* bereits 1934 bei S. Fischer erschienen war. 1954 begann der Verlag mit einer Edition ihrer Werke in Einzelausgaben, aber es dauerte etwa ein Jahrzehnt, bis die scheinbar formlos fließende Prosa dieser Autorin im deutschen Publikum Resonanz fand.
Demgegenüber breitete sich der Ruhm eines anderen »Klassikers« geradezu explosionsartig aus: der Name Franz Kafka, während der Zeit des Faschismus in Deutschland vergessen, dann von rückkehrenden Emigranten verbreitet, wurde nach Erscheinen des *Prozeß* (1950) zum Synonym für moderne Literatur schlechthin. Zwei Jahre lang hatten Bermann Fischer und Rudolf Hirsch mit dem in New York ansässigen Verlag Salman Schockens verhandelt, ehe dieser ihm die Lizenz für Kafkas Werk überließ. Als Herausgeber wurde

Virginia Woolf

Max Brod gewonnen, Kafkas Freund und Nachlaßverwalter, und innerhalb von nur acht Jahren erschien nahezu das gesamte Werk nach bewährtem Muster in Einzelausgaben, einschließlich der *Briefe*, der *Tagebücher* und einer Fülle von Fragmenten. Neben der Edition der Schriften Sigmund Freuds – von der noch zu sprechen ist – zählt diese erste Zusammenfassung von Kafkas Werk zu denjenigen verlegerischen Leistungen, die die kulturelle und intellektuelle Entwicklung in der Bundesrepublik entscheidend beeinflußten.

Werkausgaben bedeutender Autoren folgen eigenen Gesetzlichkeiten, und dies ist auch bei den im S. Fischer Verlag erschienenen Editionen zu beobachten. Einer ersten Zusammenfassung des Werks, wie sie z. B. durch die ›Stockholmer Gesamtausgabe‹ Thomas Manns repräsentiert wird, folgt zumeist eine Phase der Popularisierung: nun werden die bekanntesten Titel auch von einer Schicht von Lesern verlangt, die an den Erwerb einer Gesamtausgabe nicht denken, und der Verlag kommt dieser Entwicklung durch die Verbreitung von Sonderausgaben entgegen. Solche verbilligten Ausgaben erschienen zahlreich bereits unter der Leitung Bermann Fischers – zum Teil im S. Fischer Verlag selbst, zum Teil im Rahmen

der von kooperierenden Verlagen getragenen Reihe ›Bücher der Neunzehn‹ (seit 1960), daneben aber auch unter dem Impressum des G. B. Fischer Verlags, der 1952 gegründet wurde und der in den folgenden Jahren vor allem Unterhaltungsliteratur wie auch erfolgreiche Sachtitel brachte. (Heute wird diese Programmlinie unter dem Impressum des Wolfgang Krüger Verlags fortgeführt.)
Im Jahre 1963 zogen sich Brigitte und Gottfried Bermann Fischer aus der aktiven Verlagstätigkeit zurück und übersiedelten nach Camaiore in der nördlichen Toskana, wo sie bereits in den fünfziger Jahren Grundbesitz erworben und ein Haus errichtet hatten. »Wir wußten sogleich«, schreibt Bermann Fischer, »dies ist der Platz, wo wir eines Tages, nach all den Abenteuern der letzten fünfundzwanzig Jahre, das Zentrum und den Ruhepunkt unseres Lebens finden konnten.« Innerhalb von drei Jahren wurden die Besitzanteile am Verlag in mehreren Schritten vom Inhaber des Deutschen Bücherbundes, Georg von Holtzbrinck, erworben. Nach dem Ausscheiden Rudolf Hirschs waren es insbesondere die Geschäftsführer Janko von Musulin, Klaus Harpprecht, Peter Härtling, Hans F. Erb und Ivo Frenzel, die an der weiteren Programmgestaltung arbeiteten. Seit 1982 ist Arnulf Conradi der für das S. Fischer-Programm verantwortliche leitende Lektor. Die 1939 geborene Tochter Georg von Holtzbrincks, Monika Schoeller, ist seit 1974 Leiterin des Verlags, der nunmehr in die im Familienbesitz befindliche Verlagsgruppe Georg von Holtzbrinck GmbH integriert ist. Ursprüngliche Befürchtungen, das Unternehmen werde damit von der eigenen Tradition abgeschnitten, erwiesen sich als unbegründet. Monika Schoeller, die Literaturgeschichte studiert hat, bewahrte das literarische Profil des Hauses.
Gerade die modernen Klassiker, die die Kontinuität des Verlagsprogramms repräsentieren, wurden unter der neuen Leitung mit aufwendigen, wo nötig sogar textkritischen Ausgaben in literarisch wie philologisch befriedigender Weise ediert. So wird z. B. seit 1982 das Werk Stefan Zweigs in einer neuen Ausgabe zusammengefaßt, die erstmals die *Tagebücher* und zahlreiche Texte aus dem Nachlaß enthält; fünfundzwanzig Bände liegen derzeit vor, zehn weitere sind geplant. Die zwanzigbändige ›Frankfurter Ausgabe‹ der Werke Thomas Manns, die seit 1980 erscheint und zum 100jährigen Jubiläum des Verlags abgeschlossen wird, wird ergänzt durch die 1977 begonnene, außerordentlich genau kommentierte Edition der *Tage-*

Georg von Holtzbrinck

Monika Schoeller

bücher. Beide Ausgaben wurden geplant vom Thomas Mann-Biografen Peter de Mendelssohn. Seit seinem Tode im Jahre 1982 werden die *Tagebücher* von Inge Jens herausgegeben; die gesamte Edition wird weiterhin betreut von J. Hellmut Freund. Veranstaltet vom Freien Deutschen Hochstift erscheint seit 1975 eine Kritische Ausgabe der Werke Hugo von Hofmannsthals – ein sehr umfangreiches, auf siebenunddreißig Bände veranschlagtes Projekt, als dessen Herausgeber u. a. Rudolf Hirsch zeichnet, der ehemalige Lektor und Direktor des Verlags, der bis 1962 wesentlich zum erfolgreichen Wiederaufbau des Verlags beigetragen hat. Schließlich ist die Kritische Ausgabe der Werke Franz Kafkas zu nennen, die 1982 mit dem Roman *Das Schloß* eröffnet wurde; Anordnung und Kommentierung der originalen Manuskript-Fassung legen hier mit bisher nicht dagewesener Anschaulichkeit den literarischen Schaffensprozeß offen.

Solche Kontinuität wird jedoch nicht nur an der mittlerweile zweiten und dritten Generation von Werkausgaben deutlich, sondern auch an anderen Schwerpunkten des Programms. Während seiner Tätigkeit in New York hatte Bermann Fischer zahlreiche Kontakte zu amerikanischen Verlegern und Literaturagenten geknüpft, die ihm exklusive Werklizenzen vermittelten. Diese Beziehungen wurden in den fünfziger Jahren intensiviert – Bermann Fischer, der amerikanischer Staatsbürger geblieben war, hielt sich jährlich mehrere Monate in den USA auf –, und es verwundert daher nicht, daß die jüngste amerikanische Literatur im Programm des neugegründeten S. Fischer Verlags breiten Raum einnahm. In dichter Folge erschienen Bühnenwerke von Thornton Wilder, Arthur Miller und Tennessee Williams, die vor deutschem Publikum triumphale Erfolge erlebten; Wilders *Unsere kleine Stadt* und Millers *Tod des Handlungsreisenden* gehörten zu den meistgespielten Stücken überhaupt und beeinflußten das deutschsprachige Theater erheblich. Sie gelten heute als klassische Werke der amerikanischen Dramatik, und die Theaterabteilung des Verlags zählt sie und die gleichfalls betreuten Werke Samuel Becketts aufgrund der noch immer hohen Anzahl jährlicher Aufführungen zum Grundrepertoire deutscher Bühnen. Aber auch die neuere amerikanische Prosa wurde in Deutschland – nach Jahren der kulturellen Isolation – geradezu begierig aufgenommen. James Jones' Kriegsroman *Verdammt in alle Ewigkeit* war eines der meistgelesenen Bücher der fünfziger Jahre, dessen deutsche

Thornton Wilder

Auflage binnen zwölf Jahren das 500. Tausend erreichte; weitere sechs Romane dieses Autors sind seither im S. Fischer Verlag erschienen. Zu internationalem Erfolg gelangten auch John Updike (im S. Fischer Verlag bis 1969) und schließlich Joseph Heller, dessen *Catch 22* in den Vereinigten Staaten Millionenauflagen erreichte (im S. Fischer Verlag 1964 unter dem Titel *Der IKS-Haken*). Mit jungen amerikanischen Autoren wie Jayne Anne Phillips, Bobbie Ann Mason oder Sam Shepard setzt der Verlag diese Linie fort.

Das besondere Interesse an amerikanischer Literatur dehnte der Verlag bald auf englischsprachige Autoren auch anderer Nationen aus. Zu Joseph Conrad, dessen Werk neu übersetzt in mittlerweile achtzehn Bänden vorliegt, traten Virginia Woolf, der Bühnenautor Christopher Fry, der spätere Nobelpreisträger William Golding (*Herr der Fliegen*, 1956; *Der Turm der Kathedrale*, 1965) sowie Doris Lessing (ab 1978, u. a. *Das goldene Notizbuch*, *Die Memoiren einer Überlebenden*, der Zyklus *Canopus im Argos* und *Die Terroristin*). Die heute als Autorin von Weltrang geltende Südafrikanerin Nadine Gordimer kam bereits 1956 mit dem Roman *Entzauberung* zum S. Fischer Verlag; ihre jüngsten Werke erscheinen hier seit 1981, neben Erzählungen die Romane *Burgers Tochter*, *July's Leute*, *Anlaß zu lieben* und *Der Ehrengast*.

Doris Lessing

Jayne Anne Phillips

Nadine Gordimer

Andere Fremdsprachen waren im S. Fischer Verlag von jeher weniger umfassend vertreten; nach der Neugründung in Frankfurt gewann jedoch auch dieser Sektor des Programms an Umfang und Gewicht. So erschienen in den sechziger Jahren vier Bücher von Samuel Joseph Agnon, der 1966 als erster israelischer Autor den Nobelpreis für Literatur erhielt (gemeinsam mit Nelly Sachs). Etwa zur selben Zeit publizierte der Verlag das märchenhaft-phantastische Werk Italo Calvinos sowie zwei Romane von Luigi Pirandello. Aus dem Französischen wurden Werke von Giraudoux, Butor und Malraux übertragen, und erstmals in der Geschichte des Verlags wurde der Versuch unternommen, das lyrische Werk fremdsprachiger Autoren durch den parallelen Abdruck von Original und Übersetzung zu erschließen: von René Char, Francis Ponge und Henri Michaux erschien zwischen 1959 und 1971 eine jeweils zweibändige, zweisprachige Werkauswahl. Diese sechs Bände durften durchaus als Ereignis der europäischen Literatur gelten – u. a. darum, weil von Michaux nicht einmal in Frankreich eine vergleichbare Werkausgabe vorlag, aber auch wegen der kongenialen Übertragungen Paul Celans. Auf wirtschaftlichen Erfolg durften jene Autoren – wie auch der Verlag – mit diesen Publikationen noch nicht hoffen; heute zählen Calvino, Michaux und Celan zu den modernen Klassikern der europäischen Literatur.

Auch aus den osteuropäischen Sprachen ist einzelnes im S. Fischer Verlag erschienen: so ab 1958 das Werk Tibor Dérys, des bedeutendsten ungarischen Romanciers neuerer Zeit (u. a. *Der unvollendete Satz*, 1962). Der Tscheche Ota Filip, der wie Déry seine literarische Gesellschaftskritik mit Haft büßte, erschien erstmals zur Zeit des »Prager Frühlings« bei S. Fischer und gehört seit seiner Ausbürgerung zu den Stammautoren des Verlags (seine beiden bisher letzten Romane, *Großvater und die Kanone* und *Café Slavia*, verfaßte er in deutscher Sprache). Eindringliche Übertragungen aus dem Russischen besorgte wiederum Paul Celan, der Autoren wie Alexander Blok, Sergej Jessenin und Ossip Mandelstam im Westen bekannt machte – auch dies ein bedeutsamer Akt kultureller Vermittlung, der jedoch bis heute, insbesondere im Falle Mandelstams, noch nicht hinreichend gewürdigt ist. Unter welchen sozialen und politischen Bedingungen das Werk Mandelstams entstand, bezeugen die vielfach übersetzten Erinnerungen seiner Ehefrau Nadeschda (*Das Jahrhundert der Wölfe*, 1971; *Generation ohne Tränen*, 1975) – die neben

Paul Celan

Solschenizyns *Im ersten Kreis* (vollständige Fassung 1982) wohl eindringlichsten und genauesten Schilderungen stalinistischen Terrors.

Es ist auffallend, daß gerade die von leidvollsten Erfahrungen, von Verfolgung und Vertreibung geprägten Autoren nach neuen sprachlichen Mitteln im Bereich der Lyrik suchten – Versuche gleichsam einer Beheimatung in der Sprache. Dies gilt für Mandelstam ebenso wie für Paul Celan, dessen bei S. Fischer erschienene Gedichtbände (*Sprachgitter*, 1959; *Die Niemandsrose*, 1963) auf äußerste Konzentration des Ausdrucks zielen. Die über sprachliche und kulturelle Grenzen hinwegreichenden Wechselwirkungen moderner Lyrik gründen häufig in dieser gemeinsamen Erfahrung einer nicht mehr rückgängig zu machenden Entwurzelung. »Unverlierbares Exil, du trägst es bei dir«, heißt es in einem der Gedichte Hilde Domins, die sie nach ihrer Rückkehr aus dem Exil im S. Fischer Verlag publizierte (*Nur eine Rose als Stütze*, 1959; *Rückkehr der Schiffe*, 1962; *Hier*, 1963) – ein Satz, der eine ganze Generation von Lyrikern charakterisiert. Zu dieser zählt schließlich auch Rose Ausländer, die (wie Celan) aus Czernowitz stammt, nach dem Zweiten Weltkrieg in die Vereinigten Staaten auswanderte und heute in der Bundesrepublik lebt. Seit 1981 erscheint ihr lyrisches Werk im S. Fischer Verlag, seit 1984 wird es in einer siebenbändigen Werkausgabe, die zahlreiche unpublizierte Gedichte enthält, zusammengefaßt.

Zum Thema rassische und politische Verfolgung hat der S. Fischer Verlag nicht zuletzt aufgrund seiner eigenen Geschichte eine besondere Beziehung. Was mit denen geschah, die sich dem nationalsozialistischen Regime nicht entziehen konnten oder wollten, davon geben insbesondere zwei Publikationen Zeugnis: die *Briefe und Aufzeichnungen* der Geschwister Scholl (1984), die zur Widerstandsgruppe ›Weiße Rose‹ gehörten, und Ralph Giordanos Roman *Die Bertinis* (1982), der das Kriegsschicksal einer deutsch-jüdischen Familie schildert. In diesen Zusammenhang gehört schließlich auch die Taschenbuchreihe ›Verboten und verbrannt/Bücher aus dem Exil‹, die einstmals unterdrückte Werke wieder zugänglich macht.

Wie sehr Zensur und Verbot noch jahrzehntelang die Rezeption eines Werks beeinträchtigen oder sogar verhindern können, haben zahlreiche Autoren des zwanzigsten Jahrhunderts schmerzlich erfahren müssen. Als eine charakteristische Ausnahme muß man den

Schaufenster einer Berliner Buchhandlung, 1959

Weltruhm Boris Pasternaks werten, jenes russischen Lyrikers und Erzählers, dessen Name Ende der fünfziger Jahre die westlichen Medien beherrschte. Der Roman *Doktor Schiwago*, der im November 1957 zuerst in italienischer Sprache erschien, war mehr noch politisches als literarisches Ereignis: der Blick ins Innere eines kommunistisch geführten Staates aus der Perspektive eines individuellen Schicksals wurde zur Zeit des Kalten Krieges als sensationell empfunden, und die offenen Repressalien, denen der Autor ausgesetzt war, vervielfachten dieses Interesse. 1958 wurde Pasternak der Nobelpreis für Literatur zugesprochen, den er jedoch, unter der Drohung der Ausbürgerung, schließlich ablehnte.
Die deutsche Ausgabe des *Doktor Schiwago*, die im Oktober 1958 im S. Fischer Verlag erschien, erbrachte den größten wirtschaftlichen Erfolg seit der Neugründung und ist in dieser Hinsicht bis heute nicht übertroffen. Innerhalb von dreieinhalb Jahren wurde das 500. Tausend überschritten, und die Verfilmung im Jahre 1965 initiierte eine neuerliche, weltweite Lektüre des Romans. Dies ist um so erstaunlicher, als *Doktor Schiwago* die russische Geschichte zwischen 1903 und 1929 durchaus facettenreich und formal anspruchsvoll reflektiert; symbolische, poetische und realistische Erzählweise durchdringen einander und machen den Einfluß westlicher Erzähl-

traditionen spürbar, die Pasternak als Übersetzer gut kannte. Den Erfolg seines Werks überlebte er nur um zwei Jahre, er starb am 30. Mai 1960. Seither ist die kulturpolitische Debatte um *Doktor Schiwago* abgeklungen, eine Chance, die literarische Bedeutung Pasternaks, der ja in der Sowjetunion vor allem als Lyriker bekannt wurde, unabhängig von der bloßen politischen Sensation neu zu erkunden. Im S. Fischer Verlag erscheinen 1986 eine Neuauflage seines autobiografischen *Geleitbrief* sowie der Briefwechsel mit Olga Freudenberg.
Gemessen an diesem weitgefächerten Spektrum fremdsprachiger Literatur, innerhalb dessen auch neue Strömungen und junge Autoren ihren Platz fanden, erscheint die deutsche Literatur der Nachkriegszeit im Programm des S. Fischer Verlags unterrepräsentiert. Die Autoren der Gruppe 47 – darunter heute berühmte Namen wie Heinrich Böll, Günter Grass und Martin Walser – publizierten in anderen Verlagen. Bermann Fischer widmete sich zunächst den langjährigen deutschen Hausautoren: neben den Klassiker-Ausgaben erschienen Werke von Albrecht Goes, Manfred Hausmann (zuletzt 1983 in einer zwölfbändigen Werkausgabe) und Carl Zuckmayer, der in den fünfziger Jahren wieder zu den erfolgreichsten deutschen Bühnenautoren zählte und dessen Autobiografie *Als wär's ein Stück von mir* der Bestseller des Jahres 1966 war. (In den siebziger Jahren gelangten auch zwei Bücher Alice Herdan-Zuckmayers zu großer Popularität.) Autoren, deren Werk sich erst nach dem Krieg entfaltete, wurden sporadisch vorgestellt – so erschienen z. B. im Jahre 1963 Gedichtbände von Christa Reinig, Peter Huchel und Paul Celan –, doch nur zwei aus dieser Generation wurden mit ihrem gesamten Schaffen ins Programm aufgenommen: Ilse Aichinger, deren schmales, aber gewichtiges Werk einen kaum zu überschätzenden Einfluß ausübte, und schließlich Luise Rinser. Die engagierte Erzählerin publizierte im S. Fischer Verlag bisher zehn Romane und fast ebenso viele Bände tagebuchartiger Aufzeichnungen und Reisenotizen (zuletzt erschienen *Mirjam*, 1983; *Im Dunkeln singen*, 1985; *Geschichten aus der Löwengrube*, 1986). Die Konsequenz ihres Werks, das sich auch mit tabuisierten Themen kritisch und unverschlüsselt auseinandersetzt, zeugt von hoher persönlicher Integrität; es verwundert daher nicht, daß in einer an Leitbildern armen Zeit vor allem zahlreiche jüngere Leser Luise Rinser schätzen.
Seit Anfang der siebziger Jahre bemüht sich der S. Fischer Verlag, die jüngste deutschsprachige Literatur wieder auf breiterer Basis zu

Reiner Kunze

präsentieren, und dabei – gleichfalls ein Defizit früherer Jahre – auch die in der DDR lebenden Autoren zu berücksichtigen. Als bekanntester Name darf hier Reiner Kunze gelten, der nach einigen Veröffentlichungen in der DDR mit dem Kinderbuch *Der Löwe Leopold* (1970) und dem Lyrikband *Zimmerlautstärke* (1973) bei S. Fischer erschien. Nach seiner Auswanderung in die Bundesrepublik hatte er weltweiten Erfolg mit dem verfilmten und vielfach übersetzten Buch *Die wunderbaren Jahre* (1976). Kunze gilt als einer der bedeutendsten zeitgenössischen Lyriker deutscher Sprache; zuletzt erschienen seine Gedichte *eines jeden einziges leben* (1986). Er ist außerdem ein Kenner der tschechischen Sprache und Literatur; eine von ihm übertragene Auswahl des tschechischen Lyrikers Jan Skácel erschien 1982 unter dem Titel *wundklee*.

Im Jahre 1978 begründete der S. Fischer Verlag ein neues, ganz der zeitgenössischen deutschen Literatur dienendes Forum: die ›Collection S. Fischer‹, die junge Autoren mit Erstveröffentlichungen vorstellt. Da es sich um eine Taschenbuchserie handelt (die allerdings durch Format und Ausstattung hervorgehoben ist), erleichtert sie dem literarisch interessierten jungen Publikum den Erwerb.

Hermann Burger

Dies vermindert das wirtschaftliche Risiko des Verlags und verbreitert den programmatischen Spielraum, so daß auch schwierige, voraussichtlich auf einen kleinen Kreis von Lesern angewiesene Texte Eingang in die ›Collection‹ finden. Einige dieser Autoren, von denen weitere literarische Entwicklung zu erwarten ist, wurden mittlerweile ins Hauptprogramm des Verlags übernommen: u. a. Hermann Burger, Klaus Hoffer, Gerhard Köpf, Gert Neumann, Hanns-Josef Ortheil und Gerhard Roth. Die ›Collection S. Fischer‹, deren Titel an die gleichnamige Buchserie von 1897 erinnert, vermittelt jenes Moment literarischer Vitalität, dessen jeder belletristische Verlag, will er sich nicht auf die Auswertung von Klassiker-Rechten beschränken, dringend bedarf.
Daß es dabei notwendig auch zu ästhetischen Irritationen kommt, die mit verlegerischer Routine allein nicht zu bewältigen sind – dafür gibt es in der Geschichte des Verlags hinreichend viele Beispiele. In jüngster Zeit war es insbesondere der Autor Hubert Fichte, dessen Werk individuelle Formen der Präsentation forderte. Fichte trat in den sechziger Jahren zunächst mit autobiografischen, die subkulturellen Ränder der Gesellschaft erforschenden Texten hervor (die

Hubert Fichte

später bei S. Fischer neu aufgelegt wurden), bevor er sein Studium der afroamerikanischen Religionen literarisch umzusetzen begann. *Xango* (1976) und *Petersilie* (1980) waren Versuche einer poetischen Ethnologie, die durch Bilddokumentationen der Fotografin Leonore Mau ergänzt wurden. Zuletzt erschien 1985 eine ›Kleine Einführung in die Afroamerikanische Kultur‹ unter dem Titel *Lazarus und die Waschmaschine*. Der frühe Tod Hubert Fichtes im März 1986 gibt Anlaß, an die existentielle Einheit seines scheinbar gespaltenen Werks zu erinnern: die Auseinandersetzung mit dem radikal Fremden, dem als »exotisch« Ausgegrenzten – in St. Pauli wie auf Haiti.

Arno Schmidt ist eine Erscheinung sui generis im deutschen Sprachraum, ein phänomenaler Sprachartist, ein Provokateur der etablierten Literaturkritik, die lange Jahre das so unbehaglich sperrige Werk überging. Eine Herausforderung aber auch des Lesers, seit Arno Schmidt mit *Zettels Traum* – ein DIN-A 3-Typoskript von mehr als 1300 Seiten – den herkömmlichen Lektüreprozeß durch mehrere, parallel zu lesende Spalten auflöste. Das Werk, von vielen Verlagen abgelehnt, erschien 1970 dank der Förderung Georg von

Arno Schmidt

Holtzbrincks im Stahlberg Verlag und wurde bei S. Fischer vertrieben. Bald darauf wurden die Stahlberg-Rechte bei S. Fischer integriert. Seither wurde das Werk Arno Schmidts, das in Taschenbüchern schon seit 1964 bei S. Fischer erschienen war, in gebundenen Ausgaben neu aufgelegt: es erschienen Reprints sämtlicher Erstausgaben – Erzählungen, Romane, essayistische und biografische Schriften –, zahlreiche Übersetzungen aus dem Amerikanischen und Englischen (Cooper, Bulwer-Lytton, Collins, Faulkner), daneben aber auch die aufwendigen Typoskript-Bände *Zettels Traum*, *Schule der Atheisten* und *Abend mit Goldrand*. Um diese nur als Faksimile zu reproduzierenden Werke einem weiteren Kreis von Lesern zugänglich zu machen, wurden auch ungekürzte Studienausgaben hergestellt; zuletzt erschien aus Anlaß des Verlagsjubiläums eine Neuauflage von *Zettels Traum* sowohl in Leinen als auch in acht broschierten Großheften.

Das ästhetische Spektrum der vom neuen S. Fischer Verlag präsentierten Literatur ist breit, und seine Extrempunkte liegen heute sehr viel weiter auseinander als zu Zeiten S. Fischers. Trotz dieses Reichtums jedoch hat sich das Programm vom traditionell »Schöngeistigen« immer weiter entfernt, und was sich bereits Mitte der zwanziger Jahre mit der Entstehung des modernen Sachbuchs ankündigte, gilt heute als selbstverständliche Tatsache: »Kultur« umfaßt mehr als Literatur und Kunst, sie umfaßt ebenso ein spezifisches Wissen vom Menschen, seiner Geschichte, seiner Weltbilder – ein Wissen, das die akademische Diskussion überschreitet und öffentlich wirksam wird. Diese Popularisierung des Wissens – insbesondere über das Medium des Buchs – wurde im Machtbereich des NS-Regimes jahrelang blockiert, während sie in den Vereinigten Staaten ungehindert voranschritt. Nach dem Kriege orientierten sich daher viele Verleger am amerikanischen Büchermarkt – sowohl, was die dort auftretenden »Zeitthemen« betraf, als auch hinsichtlich der neuen Verfahren von Herstellung, Gestaltung und Werbung.

Bermann Fischer war einer der ersten Verleger, der für die Produktion in Deutschland entsprechende Konsequenzen zog. In den fünfziger Jahren begründete er ein Sachbuch-Programm, das, wenngleich noch schmal, bereits eine zeittypische Ausrichtung auf technische und naturwissenschaftliche Themen zeigte: Bücher über das moderne physikalische Weltbild, über Atomforschung und Weltraumfahrt. Diese Entwicklung setzte sich fort mit der Einführung des billigeren Paperback-Bandes im Jahre 1960, der den Aufbau einer eigenen technisch-wissenschaftlichen Reihe ermöglichte: unter dem Titel ›Welt im Werden‹ erschienen Bücher zu den Themen *Kybernetik und Management*, *Kommunikationsforschung – Eine neue Wissenschaft*, *Automation und Gesellschaft* und *Kybernetische Maschinen*. Die ebenso berühmten wie umstrittenen Kinsey-Reports über das sexuelle Verhalten des Menschen erschienen als Paperbacks (1963 und 1964, zuerst bei G. B. Fischer 1954 und 1955), ebenso das vom Verlag Gallimard übernommene *Panorama des zeitgenössischen Denkens* (1961), das vielleicht typischste Beispiel einer allgemeinverständlichen und dennoch an Originaltexten orientierten Gesamtschau des Wissens.

Daneben gewannen jedoch auch die traditionellen thematischen Schwerpunkte Politik und Geschichte eine aktuelle aufklärerische Funktion. Hier dominierten zunächst umfangreiche historische Arbeiten wie Henri Pirennes *Geschichte Europas* (1956) und Golo Manns *Deutsche Geschichte des 19. und 20. Jahrhunderts* (1958), die hohe Auflagen erzielten und als Sonderausgaben nachgedruckt wurden. In den sechziger Jahren erfolgte dann – ermöglicht auch durch die Verbreitung des Paperbacks – eine thematische Auffächerung: neben theoretischen Texten wie Raymond Arons *Frieden und Krieg* (1963) und Mao Tse-tungs *Ausgewählten Schriften* (1964) erschienen mehrere Bücher über die jüngste Geschichte der Sowjetunion (darunter zwei Arbeiten von Harrison E. Salisbury, der 1985 mit *Der lange Marsch* hervortrat) sowie in zunehmender Zahl auch solche Titel, die auf aktuelle politische Ereignisse reagierten, z. B. *Die Festnahme des Adolf Eichmann* von Moshe Pearlman (1961), *Der Tod des Präsidenten* von William Manchester und eine Schilderung des Sechstage-Krieges von Walter Laqueur (1968). Auch die Werke des ersten Ministerpräsidenten Israels, David Ben Gurion, gehören in diesen Zusammenhang (*Erinnerung und Vermächtnis*, 1971; *Israel. Die Geschichte eines Staates*, 1973).

Dieser stetige Zuwachs nichtbelletristischer Titel stand in direkter Beziehung zu einem Informations- und Bildungsbedürfnis breiter Leserschichten, wie es zwar nach dem Zusammenbruch von Diktaturen regelmäßig zu beobachten ist, das sich jedoch in der Bundesrepublik bald verselbständigte und in bisher nicht gekanntem Maße auch wirtschaftliche Folgen hatte. Es zeigte sich, daß eine bloße Anpassung der Verlagsprogramme diesem sozialen Phänomen nicht gerecht werden konnte, daß vielmehr die tradierten Formen des Buchhandels selbst in Frage gestellt waren. Den Beweis hierfür lieferte ein neues Medium: das Taschenbuch.

Bereits im April 1944, nach seinen Erfahrungen mit der ›Bücherreihe Neue Welt‹, schrieb Bermann Fischer an Hesse: »Das billige Buch wird nach dem Krieg für Europa unvermeidlich sein.« Gemeint war: für ganz Europa; denn die englischen ›Penguin Books‹ hatten bereits 1935 ihren Siegeszug angetreten. Nicht zuletzt diese Einschätzung, die bald in die Planung einer eigenen Taschenbuchreihe mündete, führte zu ernsten Differenzen mit Suhrkamp, der jede Anlehnung des deutschen Verlagswesens an das amerikanische Vorbild ablehnte. Auch der Buchhandel hatte Einwände: dieselben nämlich, die bereits vor dem Ersten Weltkrieg gegen S. Fischers Eine-Mark-Romane erhoben worden waren. Die tatsächliche künftige Rolle des Taschenbuchs ließen sich indes auch seine Befürworter nicht träumen.

Als erste deutsche Taschenbuchreihe erschien 1950 Rowohlts ›rororo‹ Serie (mit Falladas *Kleiner Mann – was nun?* als erstem Titel), die sich den Buchkunden bereits nach wenigen Monaten als Marken-

zeichen einprägte. Bermann Fischer und Rudolf Hirsch begannen mit ersten konkreten Schritten Anfang 1951: für die notwendigen hohen Erstauflagen waren hinreichende Papiermengen zu sichern, geeignete Einbände waren zu entwerfen, und die Hanseatische Druckanstalt in Hamburg (die später zum Teil in den Besitz des Verlags überging) war auf das neue Bindeverfahren einzustellen. Die ersten sechs Bände der neuen ›Fischer Bücherei‹ erschienen schließlich am 17. März 1952, durchweg literarische Titel, die auf der Vorderseite drei stilisierte Fische als neues Signet und auf der Rückseite einen demokratischen Slogan trugen: »Das gute Buch für jedermann«. Diese ersten Nummern waren durchaus noch als Probelauf geplant, ihre Titel daher recht populär: Thornton Wilder, *Die Brücke von San Luis Rey;* Thomas Mann, *Königliche Hoheit;* Joseph Conrad, *Der Verdammte der Inseln;* Stefan Zweig, *Fouché;* Pearl S. Buck, *Die Frauen des Hauses Wu;* Carl Zuckmayer, *Herr über Leben und Tod.* Alle sechs Bände waren erfolgreich; sie sind noch heute lieferbar und verzeichnen mittlerweile eine Gesamtauflage von etwa 2,5 Millionen.
Der Lebensstandard des überwiegenden Teils der deutschen Bevölkerung war Anfang der fünfziger Jahre noch sehr bescheiden, Armut war verbreitet. Es war daher nicht schwer, vorherzusagen, daß sich der Lesehunger dieser Schichten über die ungewohnt einfache Ausstattung des Taschenbuchs leicht hinwegsetzen werde. Eine ganz andere Frage war aber die, ob auch der nichtliterarische Text, insbesondere das Sachbuch durch radikale Verbilligung zu Massenauflagen gelangen könne. Hier setzte die eigentliche Revolutionierung des Büchermarkts ein.
Im Dezember 1952 erschienen im S. Fischer Verlag die ersten ›Bücher des Wissens‹, die ungekürzte geisteswissenschaftliche Texte zum Taschenbuchpreis zugänglich machten. Daß Werke von Aristoteles, Platon, Descartes, Kierkegaard und Marx zu Zigtausenden verkäuflich sein sollten, hielten auch viele Buchhändler für ausgeschlossen – zu schweigen von Lincoln Barnetts *Einstein und das Universum,* das sich am Bahnhofskiosk wahrhaft exotisch ausnahm. Die tatsächlichen Verkaufsziffern fegten diese Bedenken hinweg: Barnetts Einführung in die Relativitätstheorie wurde innerhalb weniger Monate 100000mal verkauft. Anteil an diesem Erfolg hatte sicherlich auch die plakative und dennoch ästhetische Ausstattung – an deren Weiterentwicklung Brigitte Bermann Fischer arbeitete –, sowie die eigens für die Ausstellung von Taschenbüchern konstru-

ierte drehbare Säule, die zur Selbstbedienung aufforderte; sie entwickelte sich, wie Hans Magnus Enzensberger formulierte, zum »neuen Baum der Erkenntnis«.

Daß dieses Urteil keinesfalls überzeichnet war, bewiesen nicht nur die alle Erwartungen übertreffenden Auflagen auch schwieriger Texte und Studienausgaben. Es war vor allem durch die Tatsache begründet, daß hier eine Wiederaufnahme geistiger und wissenschaftlicher Entwicklungen ermöglicht wurde, von denen Deutschland seit zwei Jahrzehnten abgeschnitten war – insbesondere die des Marxismus und der Psychoanalyse. Diese aufklärerische Funktion des Taschenbuchs wurde im S. Fischer Verlag stärker forciert als in den vielen anderen Verlagen, die nun mit eigenen Taschenbuchreihen hervortraten; sie führte ihrerseits zur Entwicklung neuer Publikationsformen. So veröffentlichte man im Jahre 1957 die erste Taschenbuch-Dokumentation: *Der Nationalsozialismus, Dokumente 1933–1945* von Walther Hofer, eine vor allem in Gymnasien vielbenutzte Sammlung. Etwa gleichzeitig erschienen die ersten Bände des von Ivo Frenzel herausgegebenen ›Fischer Lexikon‹, eine schließlich vierzig Bände umfassende Taschenbuch-Enzyklopädie, die im Gegensatz zum herkömmlichen Lexikon den Wissensstoff nach Sachgebieten und zentralen Begriffen ordnete. Jeder Band enthielt ausschließlich Originalbeiträge auf neuestem Erkenntnisstand und konnte aufgrund der Systematik einzeln erworben und benutzt werden – eine editorische Neuerung, die weit über die Grenzen der Bundesrepublik hinaus als Pionierleistung eingeschätzt wurde. Das ›Fischer Lexikon‹ wurde in mehrere Sprachen übersetzt, seine deutsche Gesamtauflage betrug im ersten Jahrzehnt fünf Millionen Exemplare.

Ein Projekt mit ähnlicher Zielsetzung, aber noch größerem editorischem Aufwand ist die ›Fischer Weltgeschichte‹, die in sechsunddreißig Taschenbuch-Bänden das gesamte historische Wissen zusammenfaßt. Der erste Band dieses Werks, an dem insgesamt achtzig Historiker aus fünfzehn Ländern beteiligt waren, erschien im Frühjahr 1965, und bis heute gibt es in keiner Sprache ein vergleichbares Nachschlagewerk. Dies mag unter anderem daran liegen, daß die große Zahl von Autoren, die für derartige enzyklopädische Reihen heute erforderlich ist, besondere Probleme der Koordination aufwirft: sachliche Überschneidungen sind zu vermeiden, Darstellungsweise und Textumfang zu vereinheitlichen. Dies erfordert ei-

Ist unser Leben Zufall oder Fügung?
THORNTON WILDER
Die Brücke von San Luis Rey
FISCHER * BÜCHEREI

BÜCHER DES WISSENS
Sigm. Freud
Zur Psychopathologie des Alltagslebens
Vorwort: Alexander Mitscherlich
FISCHER · BÜCHEREI

BÜCHER DES WISSENS
Der Nationalsozialismus Dokumente 1933-1945
Herausgegeben und kommentiert von Walther Hofer
FISCHER · BÜCHEREI

GOETHE
WILHELM MEISTERS THEATRALISCHE SENDUNG
DIE FISCHER BIBLIOTHEK DER HUNDERT BÜCHER
FISCHER BÜCHEREI

nen verhältnismäßig großen Redaktionsstab, der in der Lage ist, die eingereichten Manuskripte wissenschaftlich zu begutachten. Dazu tritt das Problem der Aktualisierung: der historische Wissensstoff nimmt zu, und die Leser wünschen eine bis in die Gegenwart reichende Darstellung. Hier erwies sich der 1960 begründete und von Gustav Fochler-Hauke herausgegebene ›Fischer Weltalmanach‹ als das geeignete Medium. Dieses Jahrbuch liefert Analysen, Fakten und Statistiken zu aktuellen politischen und wirtschaftlichen Entwicklungen, ein Nachschlagewerk, das mittlerweile eine jährliche Auflage von 160000 Exemplaren erzielt.

Im S. Fischer Verlag mußte das Taschenbuch-Lektorat, das von 1956 bis 1959 von Heinz Friedrich, dann von Hans Altenhein geleitet wurde, bereits in den fünfziger Jahren erheblich ausgedehnt werden, denn neben dem umfangreichen Sachbuch-Programm nahm auch die Zahl literarischer Titel rasch zu. Ab 1960 erschien die 100bändige Reihe ›Exempla Classica‹ mit meist älteren Werken der Weltliteratur, flankiert von deutschen und internationalen Anthologien sowie beispielhaften Interpretationen. Das bei weitem erfolgreichste Taschenbuch allerdings, das auch in Schulen Verbreitung fand, waren die autobiografischen Aufzeichnungen eines jüdischen Mädchens: *Das Tagebuch der Anne Frank* (1955), das mit mehr als 2,1 Millionen Exemplaren auch heute noch die verlagsinterne Bestsellerliste anführt, gefolgt von Zuckmayers Komödie *Der Hauptmann von Köpenick* (ca. 1,7 Millionen) und Kafkas Erzählungen *Das Urteil* (ca. 1,4 Millionen).

Die Entwicklung, die das Taschenbuch seit Ende der fünfziger Jahre durchlaufen hat, ist selbst für den Fachmann nurmehr quantitativ überschaubar: es hat sich sukzessive aller Bereiche der Literatur, der Kunst, der Natur-, Geistes- und Sozialwissenschaften bemächtigt und damit als universelles Medium durchgesetzt. Ursprüngliche Prophezeiungen, die Ausschöpfung der Lizenzen werde bald zur Stagnation der Taschenbuchreihen führen, erwiesen sich als irrig, denn der prozentuale Anteil von Originalausgaben nahm stetig zu, und selbst die Gründung des Deutschen Taschenbuch Verlags im Jahre 1961, die einen Schwund frei käuflicher Lizenzen verursachte, ließ den anderen Verlagen noch genügend Raum zur Expansion. In den sechziger Jahren vervierfachte sich in der Bundesrepublik die Zahl der jährlichen Taschenbuch-Neuerscheinungen, in den siebziger Jahren hat sie sich nochmals verdoppelt.

Die Produktion des Fischer Taschenbuch Verlags, der im Jahre 1966 als Tochtergesellschaft gegründet wurde, spiegelt diese Entwicklung wider. Er präsentiert mittlerweile sämtliche wichtigen Autoren des S. Fischer Verlags – darunter die Werke der moderen Klassiker in Kassetten und Einzelausgaben –, und auch einige der in Lizenz gedruckten Autoren (z. B. Lion Feuchtwanger, Elias Canetti, Cesare Pavese) sind mit ihrem nahezu vollständigen Werk vertreten, bis hin zur eigenständigen Werkausgabe (Gottfried Benn, ab 1987 auch Heinrich Mann). Das übrige Programm hat sich in zahlreiche Reihen aufgefächert, deren Funktionen und Zielgruppen stark voneinander abweichen: ›Fischer Boot‹, ›Die Frau in der Gesellschaft‹, ›Funk-Kolleg‹, ›Perspektiven der Anthroposophie‹, ›Fischer Cinema‹, ›Fischer Handbücher‹, ›Fischer Wissenschaft‹ und die bereits erwähnte ›Collection S. Fischer‹ sind Beispiele; zuletzt begründet wurden die Reihen ›kunststück‹ und ›Bibliothek der phantastischen Abenteuer‹.
Diese Ausdehnung und Spezialisierung (die freilich ein Absinken der Durchschnittsauflagen mit sich bringt) ist u. a. dadurch verursacht, daß die Menge der öffentlich verfügbaren Informationen seit Jahrzehnten exponentiell zunimmt und ein starkes Bedürfnis nach verständlicher »Aufbereitung« entstehen läßt. Gründe der Expansion finden sich aber auch im Profil des S. Fischer Verlags selbst: so erfolgte etwa seit Ende der sechziger Jahre eine Annäherung an aktuelle gesellschaftliche Veränderungen (z. B. Reform des Bildungswesens, Emanzipationsbewegungen, neue Technologien) und damit auch an sehr kontroverse und sachlich spezialisierte Diskussionen.
Bereits 1971 erschien der ökologische Bestseller *Das Selbstmordprogramm* von Gordon Rattray Taylor, dessen Erfolg von Herbert Gruhls *Ein Planet wird geplündert* (1975) nochmals weit übertroffen wurde – ein Signal für die wachsende soziale Bedeutung dieser Thematik, die den Verlag zur Gründung der Taschenbuchreihe ›fischer alternativ‹ veranlaßte. Mittlerweile hat in Fragen der Ökologie eine kritische Differenzierung stattgefunden (Joseph Huber, *Die verlorene Unschuld der Ökologie*, 1982), andererseits aber auch eine Vertiefung und Ausdehnung des Wissens, dessen drohende Zersplitterung aufwendige grafische Darstellungsformen verlangt (*Gaia – Der Öko-Atlas unserer Erde*, 1985). Das Taschenbuch wird hier auch künftig sowohl der Anleitung zu praktischer Veränderung als auch der

Vermittlung aktueller Ereignisse und Erkenntnisse dienen – ähnlich wie dies die Reihe ›Informationen zur Zeit‹ im Bereich des Politischen leistet.

Zwei Grundtexte zum Thema Feminismus erschienen im Jahre 1975: *Das Patriarchat* von Ernest Borneman und *Der »kleine« Unterschied und seine großen Folgen* von Alice Schwarzer. Auch diese Problematik blieb im Programm gegenwärtig; es folgten Publikationen u. a. von Susan Brownmiller, Colette Dowling und Margarete Mitscherlich (*Die friedfertige Frau,* 1885). Die neue Schärfung kulturkritischen Bewußtseins, die in Europa und den Vereinigten Staaten zu beachten ist, hat ebenfalls das Verlagsprogramm nachhaltig beeinflußt; zu nennen sind insbesondere der von Philippe Ariès und André Béjin herausgegebenen Band *Die Masken des Begehrens und die Metamorphosen der Sinnlichkeit* (1984), die Essays von Jean Starobinski (*Porträt des Künstlers als Gaukler,* 1985) sowie die Schriften des New Yorker Soziologen Richard Sennett (*Verfall und Ende des öffentlichen Lebens,* 1983; *Autorität,* 1985). Unter welch gegensätzlichen Perspektiven und Erwartungen die derzeitige »Massenkultur« gesehen wird, zeigen die kulturkritischen Publikationen der letzten Jahre: während Umberto Eco eher für die kreative Aneignung neuer Medien plädiert (*Apolyptiker und Integrierte,* 1984), weist Neil Postman auf die schon jetzt verheerenden Auswirkungen eines weltweiten, totalen »Show-Business« (*Das Verschwinden der Kindheit, 1983; Wir amüsieren uns zu Tode,* 1985)

Die historische Biografie und der biografische Roman, die sich in den zwanziger Jahren als eigenständige literarische Genres etablierten, haben sich mittlerweile ebenfalls zu bedeutsamen Instrumenten geschichtlicher Reflexion entwickelt. Es hat sich gezeigt, daß die sinnliche Entfaltung historischen Wissens mit wissenschaftlicher Seriösität durchaus vereinbar ist – wobei allerdings an den Autor, soll diese Symbiose gelingen, außerordentliche sprachliche Anforderungen gestellt sind. Eine in neuerer Zeit als richtungsweisend geltende Arbeit dieser Art ist Golo Manns *Wallenstein* (1971) – Roman, Biografie und historische Analyse zugleich, ein mehr als tausendseitiges Werk, das hoho Auflagen verzeichnete und 1973 durch einen Bildband ergänzt wurde. Dem großen Gegenspieler Wallensteins, dem Schwedenkönig Gustav Adolf, hat der Historiker Günter Barudio eine ebenfalls umfangreiche politische Biografie gewidmet (1982), die gemeinsam mit seiner Monografie *Der Teutsche Krieg*

Golo Mann

(1985) umfassend Einblick in eine bis heute wenig beleuchtete Epoche deutscher Geschichte gewährt.

Das Sachprogramm des S. Fischer Verlags ist damit jedoch längst nicht erschöpft; hier gibt es thematische Interessen, die, wenngleich quantitiv weniger auffällig, so doch regelmäßig weiterverfolgt werden. So erschienen im Programmbereich Musik in den vergangenen drei Jahrzehnten Lebenserinnerungen von Komponisten, Musikern und Dirigenten (u.a. Arthur Rubinstein, Igor Strawinsky, Bruno Walter, Hubert Giesen), daneben Briefbände (Richard Wagner, Frédéric Chopin) sowie die *Gesammelten Schriften* Arnold Schönbergs. Zwei Publikationen der jüngsten Zeit verschaffen auch dem Laien Einsichten in den inneren Prozeß der Musik: 1983 erschien *Die Englische Katze* des Komponisten Hans Werner Henze, ein Tagebuch, das die fünf Jahre währende Entstehung einer Oper protokolliert und kommentiert; Hans-Klaus Jungheinrich schließlich gibt in *Der Musikdarsteller* (1986) eine jedem Musikinteressierten verständliche Einführung in Funktion und Kunst des Dirigenten.

Kunst- und Bildbände gehören nicht zum traditionellen Arbeitsgebiet des S. Fischer Verlags. Seit den siebziger Jahren wurden jedoch einzelne Publikationen vorgelegt, die der Illustration besonders bedürftige Themen behandeln, so z. B. *Die jüdische Welt* (herausgegeben von Elie Kedourie, 1980) und *Die Kultur der Wilhelminischen Zeit* (herausgegeben von Hermann Glaser, 1984). Der Kunstschriftsteller und Museumsleiter Günter Busch hat bereits zweimal die schriftlichen und künstlerischen Äußerungen bedeutender Maler einander gegenübergestellt und mit diesem Konzept eine Intensivierung und Vertiefung des Werkverständnisses erzielt: so publizierte er 1978 die Schriften und Reden Max Liebermanns, denen 1986 eine mit zahlreichen Farbtafeln ausgestattete Einführung ins Werk folgte; ähnlich erschienen 1979 zunächst die ausgewählten Briefe und Tagebücher der Malerin Paula Modersohn-Becker, zwei Jahre später die zugehörige reich illustrierte Monografie.

Auch bekannte Fotografen erhielten in den letzten Jahren Gelegenheit, ihre Arbeiten vorzustellen: die *Memoiren des Auges* (1977) von Gisèle Freund. Jacob Holdts erschütternde *Bilder aus Amerika* (1978), *Gehen in der Wüste* (1982) mit Bildern und Texten von Otl Aicher, die Autoren-Porträts *Fototermin* (1984) von Isolde Ohlbaum und zuletzt eine Auswahl der Frankfurter Fotografin Barbara Klemm, *Bilder* (1986).

Ein Seitenzweig dieser grafischen Publikationsarbeit ist die Herstellung wertvoller Faksimiles, die allerdings wegen des großen technischen Aufwandes und der daraus resultierenden hohen Verkaufspreise nur von öffentlichen Institutionen und einem begrenzten Kreis von Liebhabern erworben werden. 1974 erschienen in Kooperation mit internationalen Verlagen die sogenannten Codices Madrid I und II, ca. 250 Blätter mit Zeichnungen, Notizen und technischen Entwürfen Leonardo da Vincis. (Ein neuer Bildband kommentierte wesentliche Teile dieses Konvoluts für breitere Leserschichten.) In Kooperation mit den Verlagen Hirmer sowie Müller und Schindler erschien 1978 *Das Evangeliar Ottos III.*; 1982 folgte *Das Goldene Evangelienbuch von Echternach,* eine Prunkhandschrift des elften Jahrhunderts, gleichfalls faksimiliert und mit dem Original so weit als möglich angenäherter Ausstattung. Eine Reproduktion des um 1600 entstandenen *Gebetbuch Kurfürst Maximilians I. von Bayern* wird Anfang 1987 in den Handel gelangen.

All dies ist, um ermüdende Aufzählung zu vermeiden, hier nur in Beispielen zu referieren. Darüber hinaus gab es manches, das episodisch blieb – wie die von Bermann Fischer initiierten Schulausgaben oder die Wissenschaftsreihe ›Fischer Athenäum‹ – und es gibt weiterhin Buchserien, die weniger um eigener Akzente als vielmehr der Popularisierung willen fortgeführt werden, wie z. B. die preiswerte Reihe ›Fischer Bibliothek‹. Es bleibt jedoch abschließend ein thematischer Sektor zu erörtern, der nicht nur das Profil und die internationale Reputation des neugegründeten S. Fischer Verlags bis heute wesentlich mitbestimmt hat, sondern der auch die in allen Wissensgebieten – und damit auch in der Praxis der Verlagsarbeit – sich vollziehende Entwicklung vom »klassischen« Text zur sachlichen und kritischen Differenzierung sehr anschaulich belegt: die umfangreiche Edition psychoanalytischer Schriften.

Den Werken der exilierten deutschsprachigen Autoren vergleichbar, kehrten auch die grundlegenden Texte der Psychoanalyse in den fünfziger Jahren nach Deutschland und Österreich zurück. Während sie z. B. in den Vereinigten Staaten eine bereits bedenkliche Popularisierung und Verflachung erfuhren, war in Deutschland die psychoanalytische Umwälzung des Menschenbildes erst einmal der Vergessenheit zu entreißen und die Voraussetzungen einer vorurteilsfreien Rezeption zu schaffen. Grundbedingung hierfür war, die Schriften Freuds wieder allgemein zugänglich zu machen – und zwar nicht nur Akademikern, sondern, wie es der kulturellen Bedeutung jener Theorie entsprach, möglichst weiten Kreisen der Bevölkerung. Die klare Diktion und das schriftstellerische Können Freuds ließen eine bereitwillige Aufnahme durchaus erwarten, und es war daher nur konsequent, Freuds zentrale Texte zunächst als Taschenbücher vorzulegen: bereits 1953 erschien der *Abriß der Psychoanalyse* gemeinsam mit *Das Unbehagen in der Kultur*; es folgten, zum Teil innerhalb der Reihe ›Bücher des Wissens‹, noch während der fünfziger Jahre Lizenzausgaben zahlreicher weiterer Schriften im jeweils ungekürzten Original. Die deutschen Rechte am Gesamtwerk Freuds besaß zu jener Zeit die Londoner Imago Publishing Company, die seit 1941 eine Gesamtausgabe herausgab. Diese Rechte erwarb Bermann Fischer im Jahre 1960; von nun an erschienen die chronologisch geordneten, siebzehnbändigen *Gesammelten Werke* Sigmund Freuds im S. Fischer Verlag – als die nach der englischen *Standard Edition* vollständigste Ausgabe. 1968 wurde sie mit einem dickleibigen Registerband abgeschlossen, dessen akribisches Sachregister gleichsam ein Generalschlüssel zum Gesamtwerk ist.

Diese vor allem wissenschaftlichen Zwecken dienende Edition, auf

der die Taschenbuch-Texte basierten, war indes schon wegen des hohen Preises zu weiterer Verbreitung nicht geeignet, und vor allem an den Universitäten, die ihre Vorbehalte gegen die Psychoanalyse allmählich abbauten, wurde nach einer leichter zu handhabenden Ausgabe verlangt. So erschien im S. Fischer Verlag ab 1969 – im Rahmen der neugegründeten Reihe ›Conditio humana‹ – eine u. a. von Alexander Mitscherlich herausgegebene *Studienausgabe in zehn Bänden*, die auf marginale Texte verzichtete und dafür erstmals mit Kommentaren und Querverweisen eine systematische Lektüre unterstützte (ergänzend erschienen die *Schriften zur Behandlungstechnik*). Diese Ausgabe wurde mittlerweile neu aufgelegt, sie erschien 1982 unverändert als Taschenbuch-Kassette (Reihe ›Fischer Wissenschaft‹). Daneben gibt es seit 1978 eine *Werkausgabe*, die die wichtigsten Texte in zwei Bänden versammelt.
An diesen editorischen Kern, der die grundlegenden Schriften der »orthodoxen« Psychoanalyse enthält, lagerten sich im Laufe mehrerer Jahrzehnte zahlreiche weitere Texte und Materialien an, die für das Verständnis der historischen Entfaltung der Psychoanalyse bedeutsam sind. Die Kommunikation Freuds mit anderen Forschern ist dokumentiert einerseits in seinen Briefen – der S. Fischer Verlag veröffentlichte Briefwechsel u. a. mit Wilhelm Fließ, Karl Abraham, Carl Gustav Jung und Oskar Pfister –, andererseits in den vierbändigen *Protokollen der Wiener Psychoanalytischen Vereinigung*, die in den Jahren 1906 bis 1918 regelmäßig tagte. Die eigenständigen Publikationen der »Freudianer«, die sehr verschiedene Wege einschlugen, sind in mittlerweile mehr als vierzig Taschenbüchern greifbar: neben ausgewählten Schriften von Karl Abraham, Sándor Ferenczi, Georg Groddeck und Wilhelm Reich vor allem eine umfangreiche *Werkausgabe* der Schriften Alfred Adlers. Diese Verzweigungen einer einstmals – insbesondere terminologisch – recht geschlossenen Theorie machen deren Auslegbarkeit, damit aber auch Entwicklungsfähigkeit deutlich. Diese Vitalität der psychoanalytischen Theorie resultiert vor allem daraus, daß sie die Entstehung neuzeitlicher Individualität von Anbeginn begleitet und thematisiert hat – wie Alfred Lorenzer anhand einer »Archäologie der Psychoanalyse« aufzeigt (*Intimität und soziales Leid*, 1984). Einige der Schüler Freuds zogen theoretische Konsequenzen, die heute neuerlich tabuisiert sind, worauf recht eindringlich Russell Jacoby hinweist (*Die Verdrängung der Psychoanalyse*, 1985). Damit hängt zusammen, daß

Sándor Ferenczi und Sigmund Freud, 1917

die derzeit gängigen Therapie-Modelle, die sich teilweise recht weit von ihrem psychoanalytischen Ursprung entfernen, häufig als bloße Techniken verstanden und damit ihrer sozialen Dimension beraubt werden; beispielhaft hierfür steht die Wirkung der Schriften Arthur Janovs, die seit 1973 ebenfalls im S. Fischer Verlag erscheinen.

Nicht zuletzt mit der Einbettung der *Studienausgabe* in die Reihe ›Conditio humana‹ verwiesen die Herausgeber darauf, daß die Psychoanalyse nicht als Rezeptur, sondern als anthropologische Theorie zu verstehen ist. Die von Thure von Uexküll und Ilse Grubrich-Simitis konzipierte Reihe, die zwischen 1969 und 1974 erschien, war interdisziplinär angelegt; sie brachte, wie ihr Untertitel besagte, ›Ergebnisse aus den Wissenschaften vom Menschen‹ unter Vermeidung allzu spezialisierter Fachsprachen. Etwa vierzig Studien zu Sprachwissenschaft, Soziologie, Psychiatrie und Psychoanalyse dokumentierten die Möglichkeiten einer emanzipierten Humanwissenschaft und fügten sich damit in die »aufklärerische« Tradition des S. Fischer Verlags sehr gut ein. Diese Perspektive wird heute von der Taschenbuchreihe ›Fischer Wissenschaft‹ wiederaufgenommen und im Sinne einer fachübergreifenden, den Anspruch auf Öffentlichkeit erhebenden Wissenschaft ausgedehnt; u. a. erscheinen hier seit 1985 die *Gesammelten Schriften* Max Horkheimers (gleichzeitig mit der Leinen-Ausgabe im S. Fischer Verlag), deren achtzehn Bände die Schriften und erstmals die Briefe und den umfangreichen Nachlaß des einst aus Deutschland vertriebenen Sozialphilosophen zugänglich machen. Von den weit in die Zukunft reichenden Projekten des S. Fischer Verlags ist die Horkheimer-Ausgabe das zweifellos bedeutendste – neben der Neuerschließung der Werke Kafkas und Hofmannsthals sowie einer geplanten mehrbändigen Ausgabe der *Cahiers* von Paul Valéry.

Das einhundertjährige Jubiläum des S. Fischer Verlags gibt Anlaß, sich der eigenen Geschichte zu vergewissern und damit jenseits der alltäglichen Routine Sinn und Ziel, aber auch Fehlentwicklungen und Grenzen der verlegerischen Arbeit bewußtzumachen. Solche Reflexion ist unabdingbar zu einer Zeit, da das Buch sich nicht mehr unangefochten als kulturelles Medium schlechthin präsentiert. Die Entstehung neuer Medien und die bereits absehbaren, tiefgreifenden kulturellen Folgen ihrer Verbreitung nötigen dazu, die Funktion des Buchs neu zu definieren. Es genügt nicht, in Konkurrenz zu

Max Horkheimer

Satelliten-TV und Video-Kassette neue Leser zu »werben«; es gilt, Sprache, Schrift und Druck als nicht willkürlich ersetzbare Momente kulturellen Selbstverständnisses kenntlich zu machen.

Im Jahre 1960 erteilte der S. Fischer Verlag dem Schriftsteller Peter de Mendelssohn den Auftrag, eine Geschichte des Verlags zu erarbeiten. Nach zehn Jahre dauernden Recherchen legte de Mendelssohn das Ergebnis vor: das umfangreiche Werk *S. Fischer und sein Verlag* macht – indem es das Überlieferte erzählend dokumentiert – die Zusammenhänge von Literatur-, Publikations- und Verlagsgeschichte gerade an unscheinbaren Details außerordentlich anschaulich. Ein Teil des von de Mendelssohn herangezogenen Materials wird bald auch der Öffentlichkeit zugänglich: in Vorbereitung sind die ausgewählten Briefwechsel Samuel und Hedwig Fischers, Gottfried und Brigitte Bermann Fischers mit ihren Autoren. Die von Knut Beck erarbeitete Verlagsbibliografie liefert das zugehörige Gerüst wissenschaftlicher Information, und der von Friedrich Pfäfflin herausgegebene Band *Buchumschläge. Über Bücher und ihre äußere Gestalt* veranschaulicht mit zahlreichen Abbildungen die grafische

Präsentation und deren Entwicklung, von den Anfängen des S. Fischer Verlags bis in die Gegenwart. Als repräsentative Auswahl wichtiger Veröffentlichungen erschien im Januar 1986 das ›Klassische Programm‹, das mit dreißig gebundenen Einzeltiteln und vier Kassetten in einheitlicher Ausstattung vor allem das literarische Profil des Verlags vermittelt.

Insgesamt sind damit einhundert Jahre Verlagsarbeit umfassend und in mannigfacher Gestalt dokumentiert – Gelegenheit zur Selbstbesinnung für diejenigen, die diese Arbeit fortführen, Gelegenheit aber vor allem für den Leser, Einblick zu nehmen in Entstehung, Vermittlung und Rezeption von Literatur. Denn auch er hat Anlaß, die eigene kulturelle Funktion neu zu überdenken, um sie so bewußt als möglich wahrzunehmen: die des Urteilenden, der in letzter Instanz darüber entscheidet, was dem Vergessen anheimfällt und was die eigene Zeit überdauert.

Namenregister

(Kursiv gesetzte Zahlen verweisen auf Abbildungen, einschließlich der reproduzierten Buchumschläge.)

Quellenhinweise zu den Abbildungen

Archiv für Kunst und Geschichte, Berlin, S. 78

Ruedi Bliggenstorfer, S. 191

Tessa Colvin, S. 173

Deutsches Literaturarchiv, Marbach am Neckar, S. 22, 23, 27, 36, 81, 110, 143

Fritz Eschen, S. 171

Gottfried und Brigitte Bermann Fischer, S. 10, 12, 19, 66, 67, 106, 107, 140

Sigmund Freud Copyrights, Ltd., S. 195

Giséle Freund, S. 165

Kai Greiser, S. 182

›Hände und Charakter‹, München/ Berlin o. J., S. 198

Klingspor-Museum der Stadt Offenbach am Main, S. 146

Fritz H. Landshoff, S. 138

Jan M. Lillebø, S. 179

Leonore Mau, S. 181

Digne Meller Marcovicz, S. 197

Isolde Ohlbaum, S. 172, 180

Bild-Archiv der Österreichischen Nationalbibliothek, Wien, S. 33

Wolfgang Oschatz, S. 161, 175

Manfred Rehm, S. 169

Süddeutscher Verlag, S. 77, 102, 100 (Abb. Dos Passos)

Suhrkamp Verlag, S. 45, 121

Ullstein, S. 17, 54, 71, 98, 114, 115, 130

Alle übrigen Abbildungen: Archiv des S. Fischer Verlags